ATELIER

WALTER
SCHÜBLER

KÜCHEN
REVO-
LUZZER

ATELIER
EDITION ATELIER WIEN

Inhalt

FILIPPO TOMMASO MARINETTI:

Weg mit der Pasta!

Auf frischer Tat ertappt! Das kommt davon, wenn man Wasser predigt und Wein trinkt oder, genauer, Reis anpreist und Nudeln verschlingt. Filippo Tommaso Marinetti, der die Pasta in Acht und Bann getan hatte, vor einem Berg dampfender Nudeln! Die Bildunterschrift im »Secolo Illustrato« vom 4. April 1931 triefte denn auch vor Spott und Hohn: »Wer hätte das gedacht! Aber zu Ostern (dem Fest der Vergebung) vergibt Marinetti der Pasta so beredt wie nur denkbar: indem er sie isst.«[1] Tags darauf kursierte ein spöttelnder Vierzeiler, der sich über den bigotten »Futuristenpapst« lustig machte: »Marinetti dice ›Basta! Messa al bando sia la pasta.‹ Poi si scopre Marinetti / che divora gli spaghetti!« (Marinetti sagt ›Basta! / Weg mit der Pasta!‹ / Dann verschlingt Marinetti / einen Teller Spaghetti.)[2]

Geschah ihm schon recht, dem großmäuligen Schwindler, der Wunder was daherfabulierte über das Aufsehen, das seine Verbannung der Pasta von italienischen Tischen erregt habe. »Zeitungen von Budapest bis Tunis, von Tokio bis Sidney« hätten groß berichtet, »in Frankreich, England, Amerika, Deutschland usw.« seien »Artikel, Kommentare, Karikaturen und Kontroversen« erschienen, unter anderem in der Londoner »Times«, im »Nieuwe Rotterdamsche Courant«, in der »Rheinisch-Westfälischen Zeitung«. »The Herald« habe die Polemik angeheizt, in der »Chicago Tribune« sei ein langer Artikel mit dem Titel »Italy May Down Spaghetti« erschienen, »Le Petit Marseillais« habe der futuristischen Küche gar einen Leitartikel gewidmet, »Je suis partout« ein ausführliches Interview mit ihm gebracht.[3] In Paris sei die Polemik wieder aufgeflammt, nachdem die Tageszeitung »Comœdia« am 20. Jänner 1931 sein Manifest wieder abgedruckt habe.[4] Und erst in Italien! Hunderte Artikel, Stellungnahmen von Köchen, Umfragen … Der »Travaso« habe der futuristischen Küche ein ganzes Heft gewidmet, »unzählige Karikaturen« seien in »Guerin Meschino«, »Marc'Aurelio«, »420«, »Giovedi« und anderswo erschienen.[5]

Alles Schall und Rauch!, so die Kunsthistoriker: »Marinettis futuristisches Küchen-Manifest ist aus mehreren heterogenen Teilen komponiert. Durch Erzählung, Bericht, Reportage, Streitschriften, Pressestimmen, öffentliche Reaktionen und Rezeption gewinnt ein Ereignis körperhafte Gestalt, das in der Realität überhaupt nicht stattgefunden hat«, stellt Roswitha Neu-Kock klar.[6] Und Ralf Beil schlägt in dieselbe Kerbe: »Richtig ist, dass die Dokumente, Leserbriefe und Zeitungsberichte über die angeblich weltweite Kontroverse, die das Manifest ausgelöst haben soll, rein fiktiv sind und von Marinetti selbst stammen. Die Ereignisse aber, die ihnen zugrunde liegen, haben wirklich stattgefunden.«[7]

Ein faustdicke Legende also, die sich der ruhmredige Marinetti selbst strickte? – Mitnichten! Alles wahr!

Es war zwar nicht die »Chicago Tribune«, die »Italy May Down Spaghetti« (Italien schafft die Spaghetti ab) titelte, sondern die »Los Angeles Times«[8], die »Chicago Tribune« berichtete aber ebenfalls bereits am 30. Dezember 1930 – und kam sogar noch lauter daher: »Ah! Mussolini! Spare Italy This Great Hardship. This Villain Wants to Abolish Spaghetti« (Oh, Mussolini! Erspar Italien diese Riesenpein. Der Schurke will die Spaghetti abschaffen).[9] Die »New York Times« brachte den Bericht ihres Korrespondenten erst am 4. Jänner und trug im Titel nicht weniger dick auf: »[Marinetti] Assails Macaroni As Bane of Italy« (Marinetti attackiert Makkaroni als Fluch Italiens)[10]. In London reagierte der »Daily Telegraph« am raschesten, der am 30. Dezember 1930 titelte: »Italian Attack on Macaroni. No ›Cubic-Laden Masses Wanted‹« (Angriff auf Makkaroni in Italien. Würfelförmig massige Volksgenossen unerwünscht).[11] Die Londoner »Times« stellte sich am 15. Jänner 1931 nicht allein mit einem ausführlichen Bericht auf Seite 13, sondern gleich auch mit einer süffisanten Glosse auf Seite 15 ein.[12] Der Rom-Korrespondent der Berliner »Vossischen Zeitung« berichtete unter dem Titel »Battaglia dei maccaroni« von Marinettis »Programm zur Entmakkaronisierung des Italieners«[13], das »Hamburger Fremdenblatt« überschrieb seine ausführliche Einlassung mit »Kampf den Makkaroni! Marinettis Manifest der futuristischen Kochkunst«.[14] Der »Pester Lloyd« widmete dem »Futuristenkrieg gegen das Makkaroniessen« den auf Seite 2 überlaufenden Einserkasten.[15] Die Wiener »Neue Freie Presse«, ganz auf »seriös«, verräumte ihren Bericht (»Der Makkaronikrieg des Futuristenkönigs«) zwar in den hinteren Teil der Sonntagsausgabe, referierte aber auch des Langen und Breiten,[16] das »Neue Wiener Journal« (»Nieder mit den Makkaroni!«) desgleichen.[17] Die Wiener Boulevardzeitung »Die Stunde« hingegen, immer die Nase im Wind, war nicht nur rasch zur Stelle, sondern verlieh dem Thema durch Titelei – »Manifest der futuristischen Küche. Kochrezepte für den Zukunftskrieg« –, Aufmachung und Platzierung Gewicht.[18]

Alles wahr: Die Pariser Tageszeitung »Comœdia« brachte das »Manifest der futuristischen Küche« drei Wochen nach der italienischen Erstveröffentlichung in französischer Übersetzung, und das auf Seite 1.[19] »Le Petit Marseillais« machte tatsächlich auch damit auf[20], in der Pariser Wochenzeitung »Je suis partout« erschien am 28. März 1931 auf Seite 5 ein langes Interview mit Marinetti,[21] und auch das auflagenstarke römische Satireblatt »Il travaso delle idee« brachte am 11. Mai 1931 eine exklusiv dem Thema gewidmete Sondernummer, »Il travaso della pastasciutta«. Nur der Spaghetti verschlingende Marinetti im »Secolo Illustrato« war ein Fake: der Jux eines Bologneser Studenten, der, ganz auf Marinetti drapiert und geschickt geschminkt, sich bei einem großen Bankett zum großen Erstaunen seiner Tischgenossen gierig über einen Teller Spaghetti hermachte.[22]

Die Annahme, dass das Aufsehen, das sein Manifest weltweit erregt hatte, auf Marinettis Mist gewachsen wäre, verleitet die Kunsthistoriker dazu, das futuristische Küchenprogramm insgesamt nicht ganz ernst zu nehmen. Marinetti allerdings meinte alles ernst, todernst, was er unter dem Titel »Manifesto della cucina futurista« in der Turiner »Gazzetta del Popolo« vom 28. Dezember 1930 an Thesen angeschlagen hatte.

Manifest der futuristischen Küche

Der italienische Futurismus, Vater zahlreicher Futurismen und ausländischer Avantgarden, bleibt keineswegs ein Gefangener der weltweiten Siege die »in zwanzig Jahren großer künstlerischer und politischer, mit Blut besiegelter Schlachten« errungen wurden, wie es Benito Mussolini formuliert hat. Immer noch setzt sich der italienische Futurismus mit einem Programm zur vollkommenen Erneuerung der Küche der Unpopularität aus.

Unter allen künstlerisch-literarischen Bewegungen zeichnet allein er sich durch verwegene Kühnheit aus. Bei der Malerei und der Literatur des 20. Jahrhunderts handelt es sich in Wahrheit um zwei praktische, moderat rechte Futurismen. Der Tradition verhaftet, wagen beide vorsichtig das Neue, um aus dem einen wie aus dem anderen den möglichst großen Nutzen zu ziehen.

Gegen die pasta asciutta[a]

Der Futurismus ist von den Philosophen als »Mystizismus der Aktion« bezeichnet worden, Benedetto Croce sprach von »Antihistorismus«, Graca Aranha von der »Befreiung vom ästhetischen Terror«, wir von »erneuertem italienischen Stolz«. Dabei prägten wir Formeln wie »ursprüngliches Kunst-Leben«, »Religion der Geschwindigkeit«, »äußerste Anstrengung der Menschheit in Richtung Synthese«, »spirituelle Hygiene«, »Methode unvermeidlicher Schöpfung«, »schneller geometrischer Glanz«, »Ästhetik der Maschine«.

Ohne uns um den praktischen Nutzen zu scheren, ignorieren wir das Beispiel und die Mahnung der Tradition, denn wir wollen das Neue um jeden Preis, auch wenn die anderen es für verrückt halten.

Selbst wenn wir zugeben müssen, dass schlecht und grob ernährte Menschen in der Vergangenheit durchaus Großes geleistet haben, verkünden wir diese Wahrheit: Man denkt, träumt und handelt nach Maßgabe dessen, was man isst und trinkt.

Befragen wir diesbezüglich nur einmal unsere Lippen, unsere Zunge, unsere Geschmackspapillen, unsere Drüsensekrete, um sodann auf geniale Weise in die Chemie des Magens einzutreten.

Wir Futuristen spüren, dass die Liebeslust beim Mann die Abgründe von oben nach unten erschließt, während sie für die Frau horizontal, wie ein Fächer angelegt ist. Die Wollust des Gaumens hingegen führt im menschlichen Körper bei Mann und Frau stets als aufsteigende Linie von unten nach oben. Wir sind uns bewusst, dass wir verhindern müssen, dass der Italiener würfelförmig massig und bleischwer von trüber und blinder Kompaktheit werde, und das, wo er doch gerade mit der schlanken durchsichtigen, von Leidenschaft, Zärtlichkeit, Licht, Willen, Elan und heldenhafter Zähigkeit spiralförmigen Italienerin harmonieren sollte. Lasst uns also an der Biegsamkeit italienischer Körper arbeiten, die sich mühelos jenen leichten Zügen aus Aluminium anpassen können, welche die gegenwärtigen schweren Modelle aus Eisen Holz Stahl ersetzen werden.

Wir sind überzeugt, dass im wahrscheinlichen Falle eines künftigen Kriegsausbruchs, das gelenkigste, sprungbereiteste Volk den Sieg davontragen wird.

a »pasta asciutta« (ital. trockener resp. getrockneter Teig) meint schlicht und einfach Pasta, Teigwaren, Nudeln. Und NICHT, wie im deutschen Sprachraum heute verbreitet: ein »Gericht aus Spaghetti u. einer Soße aus Hackfleisch, Tomaten u. Zwiebeln« (Duden) resp. ein »Gericht aus Spaghetti mit Tomatensoße (u. Hackfleisch) u. geriebenem Käse« (Wahrig) resp. Spaghetti Bolognese.

Nachdem wir Futuristen die Weltliteratur durch die befreiten Wörter und den simultanen Stil entschlackt, das Theater der Langeweile durch alogische Überraschungssynthesen und Dramen mit leblosen Gegenständen entleert, die Plastik durch Antirealismus ins Unendliche gesteigert haben und schließlich den geometrischen Glanz einer Architektur ohne dekoratives Beiwerk sowie eine abstrakte Filmkunst und Fotografie geschaffen haben, setzen wir nun die Ernährung fest, die einem immer luftigeren und schnelleren Leben entspricht.

Dies sind unsere wichtigsten Maßnahmen:

a) Die Abschaffung der pasta asciutta, dieser absurden Religion der italienischen Gastronomie.

Den Engländern mag ihr Stockfisch, ihr Roastbeef und ihr Pudding zuträglich sein, den Holländern ihr gekochtes Fleisch mit Käse, den Deutschen ihr Sauerkraut, ihr geräucherter Speck und ihre Würste; den Italienern ist die pasta asciutta nicht zuträglich. So steht sie etwa im Gegensatz zu der geistigen Lebhaftigkeit und der leidenschaftlichen großzügigen und einfühlsamen Seele der Neapolitaner. Trotz des täglichen Verzehrs großer Portionen von pasta asciutta waren sie heldenhafte Soldaten, inspirierte Künstler, mitreißende Redner, scharfsinnige Anwälte und zähe Bauern. Ihre Kost führt jedoch zu jenem ironischen und sentimentalen Skeptizismus, der häufig ihren Enthusiasmus beschneidet.

Ein höchst intelligenter Professor aus Neapel, Dr. Signorelli, schreibt: »Im Unterschied zu Brot und Reis ist die pasta asciutta ein Nahrungsmittel, das man hinunterschlingt, aber nicht kaut. Dieses stärkehaltige Nahrungsmittel wird zum großen Teil bereits im Mund vom Speichel verdaut, so dass Pankreas und Leber von ihrer Verdauungsarbeit entbunden sind. Dies führt zu einem Ungleichgewicht und zu Störungen der entsprechenden Organe, welche Schlappheit, Pessimismus, nostalgische Antriebslosigkeit und eine neutrale Haltung zur Folge haben.«[a]

a Eine amüsante Konvergenz in puncto demoralisierender Wirkung von Pasta und deren geopolitischen Implikationen über die Zeiten und über nationale Teigwaren-Repertoires hinweg: Kurt Kister, der Nudelsalat »für eine der großen Verirrungen der westlichen Zivilisation« hält: »Hätte es zu Zeiten des Imperium Romanum schon Nudelsalat gegeben, wäre er von dem großen Historiker Edward Gibbon (1737–1794) in seinem monumentalen ›The History of the Decline and Fall of the Roman Empire‹ sicher als eine der Hauptursachen für den Niedergang Roms beschrieben worden (Kurt Kister: Ooooom, die Börse [Rubrik: Deutscher Alltag]. In: Süddeutsche Zeitung, Jg. 81, Nr. 86, 12./13.4.2025, S. 43).

Die pasta asciutta, deren Nährwert zu 40 % unter der von Fleisch, Fisch und Hülsenfrüchten liegt, bindet den heutigen Italiener mit ihren Knoten an die langsamen Webstühle der Penelope und an die schläfrigen Segler auf der Suche nach Wind. Weshalb steht ihre Schwere noch immer dem riesigen Netz von Kurz- und Langwellen entgegen, das der italienische Genius über Ozeane und Kontinente geworfen hat, und den Landschaften aus Farbe Form Geräuschen, die Radio und Fernsehen um die Erde schicken? Die Verteidiger der pasta asciutta tragen diese wie ein Zuchthäusler seine Kugel oder ein Archäologe seine Ruinen im Magen. Man bedenke überdies, dass die Abschaffung der pasta asciutta Italien vom Import teuren ausländischen Weizens befreien und die heimische Reisproduktion begünstigen wird.

b) Die Abschaffung von Umfang und Gewicht als Kriterium des Wertes der Nahrung.

c) Die Abschaffung der traditionellen Zusammenstellungen durch das Experimentieren mit neuen, vermeintlich absurden Zusammenstellungen, wie sie etwa Jarro Maincave[a] und andere futuristische Köche empfehlen.

d) Die Abschaffung der alltäglichen Mittelmäßigkeit der Gaumenfreuden.

Nehmen wir die Chemie in die Pflicht, die dem Körper die notwendigen Kalorien durch Nahrungsäquivalente in Pulver- oder Pillenform zuführen soll: eiweißhaltig, mit synthetischen Fetten und Vitaminen, und den Bürgern un-

---

a *Maincave*] Jules Maincave, ein Vertrauter Marinettis, hatte bereits 1913 ein »Manifest der futuristischen Küche« veröffentlicht, in dem er eine dem modernen Leben gemäße, dem Stand der Wissenschaft entsprechende und die Erkenntnisse der Chemie berücksichtigende Küche gefordert hatte. Die futuristische Küche werde die Fesseln der überkommenen Kochkunst abstreifen und völlig neuartige gustatorische Erfahrungen ermöglichen. Zum Beispiel: in Ochsenblut pochierte Eier auf Kartoffelpüree an Himbeersirup; Schollenfilet mit Schlagobers; Rumomelette vom Rindsfilet, gefüllt mit kleingehackter gegrillter Makrele und Johannisbeergelee (André Charpentier: La cuisine futuriste. In: Fantasio [Paris], année 8, no. 171, 1.9.1913, p. 84–85. – Es handelt sich um ein Interview Charpentiers mit Maincave, in dem Maincaves »Manifeste de la cuisine futuriste« im Wortlaut abgedruckt wurde.) – Kurz davor hatte Guillaume Apollinaire von einer neuen Kochschule berichtet – er nannte allerdings nicht Maincave, sondern zwei Köche aus der Bresse: Joachim Gravant und Louis Pignat –, die für die traditionelle Kochkunst das sei, was der Kubismus für die traditionelle Malerei bedeute. Im September 1912 habe das erste Diner dieser »cuisine astronomique« stattgefunden. Serviert wurden unter anderem: mit Zitronensaft marinierte Veilchenblüten; in Eukalyptussud gegarte Aalrutte (Trüsche); mit Schnupftabak gewürztes Schulterfilet (Buglende); mit Speck umwickelte und in in Hühnerbrühe aufgelöster Lakritze gegarte Wachtel (Guillaume Apollinaire: Le cubisme culinaire. In: Fantasio [Paris], année 8, no. 155, 1.1.1913, p. 390).

entgeltlich vom Staat zur Verfügung gestellt. Auf diese Weise wird man die Lebenshaltungskosten senken, die Wochenarbeitszeit verringern und die Gehälter senken. Heutzutage ist für zweitausend Kilowatt nur ein Arbeiter notwendig. Die Maschinen werden im Dienste der Menschen ein gehorsames Proletariat aus Eisen, Stahl und Aluminium bilden, das ihn schon bald von der manuellen Arbeit befreien wird. Wenn es gelingt, die Arbeitszeit auf zwei oder drei Stunden zu beschränken, dann wird es genug Zeit geben, um die restlichen Stunden mit Gedanken, Kunst und der Vorfreude auf vollkommene Mahlzeiten zu adeln.

In allen sozialen Schichten wird sich die Anzahl der Mahlzeiten verringern, durch die Zuführung von Nahrungsäquivalenten jedoch wird sich die Ernährung zugleich vervollkommnen.

Die vollkommene Mahlzeit erfordert:

1. Eine mit den Geschmäckern und Farben der Speisen harmonisierende originelle Gestaltung der Tafel (Kristall, Geschirr, Dekoration).

2. Die unbedingte Originalität der Speisen.

Die »Fleischplastik«

Beispiel: Um den Alaska Lachs in Sonnenstrahlen mit Marssauce zuzubereiten, nehme man einen guten Alaska Lachs, tranchiere ihn und brate ihn mit Salz und Pfeffer in gutem Öl, bis er goldbraun ist. Man füge halbierte Tomaten hinzu, die zuvor mit Petersilie und Knoblauch gegrillt worden sind. Vor dem Servieren verteile man auf dem Fisch geflochtene Anchovisfilets. Auf jedes Stück kommt ein Scheibchen Zitrone und einige Kapern. Die Sauce wird aus Anchovisstücken, dem Dotter von hart gekochten Eiern, Basilikum, Olivenöl und einem Gläschen italienischem Aurum-Likör gemischt und durchpassiert (Formel[a] von Bulgheroni, dem Chefkoch der »Gänsefeder«[b]).

Beispiel: Um die Schnepfe à la Monterosa in Venussauce zuzubereiten, nehme man eine schöne Schnepfe, säubere sie, bedecke ihre Brust mit Schinken- und Speckscheiben, lege sie mit Butter, Salz, Pfeffer und Wachholder in eine Kasserolle und backe sie 15 Minuten lang in einem sehr heißen Ofen. Dabei beträufle man sie mit Cognac. Sobald man sie aus der Kasserolle genommen hat, lege man sie auf große, viereckige, mit Rum und Cognac getränkte Brotscheiben und bedecke sie mit Blätterteig. Dann gebe man sie wieder in den Ofen, bis der

a *Formel*] Marinettis neue Bezeichnung für den (aus seiner Sicht) überkommenen Begriff »Rezept«.

b *»Gänsefeder«*] Mailänder Künstlerlokal »Penna d'oca« (»Zum Gänsekiel«).

Teig gut durchgebacken ist. Man serviere sie mit folgender Sauce: Man koche je ein halbes Glas Marsala und Weißwein, vier Teelöffel Heidelbeeren und etwas zerkleinerte Orangenschale ca. 10 Minuten. Die Sauce in die Sauciere geben und sodann heiß servieren. (Formel von Bulgheroni, dem Chefkoch der »Gänsefeder«).

3. Die Erfindung komplizierter Geschmacksplastiken, deren originelle Harmonie aus Form und Farbe das Auge erfreut und die Phantasie entzündet, noch bevor die Lippen in Versuchung geführt werden.

Beispiel: Die vom futuristischen Maler Fillia erfundene Fleischplastik, die synthetische Interpretation der italienischen Landschaften, bestehend aus einem großen zylinderförmigen Hackbraten aus Kalbsfleisch, der mit elf verschiedenen gekochten Gemüsearten gefüllt ist. Dieser Zylinder, der senkrecht in der Mitte einer Platte steht, wird von einer dicken Honigschicht gekrönt und ruht auf einem Wurstring, der sich wiederum auf drei goldene Kugeln aus Hühnerfleisch stützt.

Äquator + Nordpol

Beispiel: Die vom futuristischen Maler Enrico Prampolini geschaffene Plastik Äquator + Nordpol besteht aus einem äquatorialen Meer aus gelben Eidottern und Austern mit Pfeffer, Salz und Zitrone. In der Mitte ragt ein heller Kegel aus Eischnee auf, der mit Orangenstückchen gespickt ist wie mit saftigen Sonnenabschnitten. Die Kegelspitze wird von schwarzen Trüffelstückchen gestürmt, die in Form von Negerflugzeugen ausgeschnitten sind, die gerade dabei sind, den Zenit zu erobern.

Diese komplizierten Geschmacks-, Farb-, Duft- und Berührungsplastiken werden vollkommene simultane Mahlzeiten bilden.

4. Die Abschaffung von Messer und Gabel für die komplexen Plastiken, damit es zum Genuss durch Berührung kommen kann.

5. Der gezielte Einsatz von Düften, die den Wunsch stimulieren sollen, von den Speisen zu kosten. Jeder Speise soll ein Duft vorausgehen, der sodann mittels Ventilatoren wieder von der Tafel fortgeweht werden wird.

6. Die Untermalung durch Musik, die sich auf die Pausen zwischen den einzelnen Gängen beschränkt, damit die Empfindlichkeit der Zunge und des Gaumens nicht gestört, der genossene Geschmack nicht ausgelöscht und eine geschmackliche Jungfräulichkeit wiederhergestellt wird.

7. Die Abschaffung des Gesprächs und des Politisierens bei Tisch.

8. Der dosierte Einsatz von Poesie und Musik als überraschende Zutaten, um durch deren sinnliche Intensität den Geschmack einer Speise zu intensivieren.

9. Um die Neugierde, die Überraschung und die Phantasie der Gäste zu steigern, sollen ihren Nüstern und Augen in rascher Folge Speisen dargeboten werden, von denen sie nur einige essen werden, andere nicht.

10. Die Erfindung von simultanen, veränderlichen Happen, die zehn, zwanzig verschiedene geschmackliche Variationen enthalten und innerhalb weniger Augenblicke genossen werden. Diese Happen werden in der futuristischen Küche dieselbe Funktion haben, welche die Bilder in der Literatur haben, nämlich sie ins Grenzenlose zu steigern. Solche Happen werden einen ganzen Lebensabschnitt in sich zusammenfassen können, etwa die Entwicklung einer Liebesleidenschaft oder eine Reise in den fernen Orient.

Wissenschaftliche Instrumente in die Küche

11. Die Ausstattung der Küche mit wissenschaftlichen Instrumenten. Ozonisatoren, die Flüssigkeiten und Speisen den Duft von Ozon verleihen, ultraviolette Lampen (da viele Lebensmittel, wenn sie mit ultraviolettem Licht bestrahlt werden, aktive Eigenschaften annehmen, besser verdaulich werden und etwa bei Kindern der Rachitis vorbeugen etc.), elektrische Gerätschaften, die Säfte und Extrakte isolieren, um ein neues Produkt mit neuen Eigenschaften zu gewinnen, feinste Mühlen, um Mehl, Trockenobst und Gewürze zu pulverisieren, Dampfdruck-Destillierapparate, Überdruckzentrifugen, Dialysatoren. Der Gebrauch dieser Apparate wird streng Wissenschaftlichen Normen unterliegen, damit beispielsweise der Fehler vermieden wird, Speisen in Dampfdrucktöpfen zu kochen, deren hohe Temperaturen die Zerstörung der aktiven Stoffe (von Vitaminen[a] etc.) bewirkt. Die Chemie wird der Indikator für den Säure- und Alkaligehalt der Saucen sein und also dazu beitragen, eventuelle Fehler zu vermeiden: Mangel an Salz, Überschuss an Essig, Pfeffer, Zucker.[23]

Wie ein Blitz aus heiterem Himmel schlug das Manifest ein. Gerade noch war ganz Italien von den Weihnachts- und Neujahrs-Fressorgien schwer in den Seilen gehangen und verdrossen dabei gewesen, die von den Festgela-

a Marinetti zeigte sich auf dem neuesten Stand der Ernährungswissenschaft. Die einzelnen Vitamine und ihre physiologischen Wirkungen und Funktionen wurden erst ab 1913 nach und nach entdeckt.

gen verdorbenen Mägen mit Kamillentee zu beträufeln, mit Natron zu beschwichtigten und durch heiße Umschläge zu besänftigten – mit einem Mal war das Land wieder auf den Beinen: hellwach, elektrisiert, in Aufruhr. Die Aberhunderten Stellungnahmen von Köchen – vom Leibkoch des italienischen Königs abwärts –, Ärzten, Ernährungswissenschaftlern, Gastronomen und Hausfrauen zum »Manifesto della cucina futurista«, all die Kontroversen zwischen Fachleuten und sich berufen fühlenden Laien, die sein Feldzug gegen die Pasta im Mutterland der Pasta provozierte und die Marinetti akribisch dokumentierte,[24] sind mitnichten »rein fiktiv«, wie die Kunsthistoriker behaupten. Die »Doktoren Bettazzi, Foà, Pini, Lombroso, Ducceschi, Londono, Viale«, die Marinetti in dieser Dokumentation herunterputzt, weil sie, »die hohen dynamischen Pflichten der Rasse sowie den beängstigenden Wirbelsturm glänzender Geschwindigkeiten und der äußerst heftigen widersprüchlichen Kräfte, die das moderne Leben bestimmen«, nicht achtend, die Pasta asciutta verteidigten[25]: Sie alle hatten sich in einer Umfrage, die »La Cucina Italiana«, *die* Kulinarik-Zeitschrift des Landes, veranstaltete, tatsächlich zu Wort gemeldet. Desgleichen die Professoren Nicola Pende (Kliniker), U. Gabbi (Kliniker), Albertoni, A. Herlitzka (Physiologe), Antonio Riva (Kliniker) und C. Tarchetti, deren zustimmende Stellungnahmen Marinetti anders als die seiner Widersacher ausführlich zitierte.[26]

Während der Ton der ausländischen Zeitungen auf launig und süffisant gestimmt war, flogen in den italienischen Blättern die Fetzen, hier gab's schließlich nur »Beteiligte«. Der Ton war bellizistisch, Pardon wurde nicht gegeben, Gefangene wurden nicht gemacht, und das schon beim ersten Schlagabtausch noch vor der Veröffentlichung des Manifests. Bei einem Bankett im Mailänder Künstlerlokal »Penna d'oca« (»Zum Gänsekiel«) am 15. November 1930 hatte Marinetti das in Vorbereitung befindliche »Manifest der futuristischen Küche« in den Grundzügen darlegt und seinen Kreuzzug gegen die Pasta angekündigt. Massimo Bontempelli gab Kontra, und die »Cucina Italiana« veröffentlichte die Pamphlete, voller Stolz, zwei renommierten avantgardistischen Schriftstellern, beide Mitglieder der Accademia d'Italia, ein Forum für einen gastronomischen Diskurs zu bieten. Bontempelli, ursprünglich dem Futurismus, ab Mitte der 1920er Jahre mit seinem »Novecentismo« dem französischen Surrealismus nahestehend und so wie Marinetti überzeugter Anhänger des Faschismus, redete dem historisch gewachsenen kulinarischen Kanon das Wort. Die Geschichte Italiens habe die Pasta asciutta ebenso hervorgebracht wie Dantes Dichtungen, »vielleicht aus derselben geheimnisvollen Wurzel«.

Er könne sich nicht vorstellen, dass – anders als jede andere Kunstsparte – eine innovationsgetriebene Kochkunst je etwas ausklügeln könne, »das höher, lebendiger, stärker, euphorischer und in jeder Hinsicht perfekter ist als drei oder vier Gerichte, wie sie par excellence all die Paste asciutte und Minestre sind, und an Fleischgerichten die Costata alla fiorentina[a] und das Abbacchio arrosto[b]«.[27]

Damit lief er Marinetti, dem geschworenen Feind jeglicher Tradition, sehenden Auges geradewegs ins Messer. Einzig und allein wissenschaftliche Argumente wollte der gelten lassen – und er gab in seiner Entgegnung den Ton, seinen Ton vor: Die Pasta-Verfechter seien allesamt sentimentale Ignoranten, die einer »absurden italienischen Religion« anhingen, der Pasta asciutta, »die der innovativen Dynamik unserer imperialen Rasse absolut entgegenstehe«. Nostalgie sei alles, was die Verteidiger der Pasta asciutta ihm entgegenzusetzen hätten, ein »Argument«, das so belanglos sei, »dass [s]ein Sieg damit ein Kinderspiel« sein werde.

Argumente ohne (distanzierende, ironische) Anführungszeichen zuhauf lieferten die zahlreichen Physiologen, die die »Cucina Italiana« um ihr Urteil gebeten hatte. In der führenden Kulinarik-Zeitschrift des Landes, die zwei Wochen nach dessen Erstveröffentlichung, in der Jänner-Nummer 1931, das »Manifest der futuristischen Küche« abgedruckt hatte,[28] kamen sie fünf Monate hindurch zu Wort. Gleich neben Marinettis »Manifest« waren unter dem Titel »La vibrante ed elevata polemica sulla pasta asciutta« auch zwei Stellungnahmen abgedruckt, und der versale Übertitel, »CUCINA FUTURISTA E PASTA ASCIUTTA« signalisierte, worauf sich die Streitereien um Marinettis steiles Manifest im Großen und Ganzen beschränkten. In der Feber-Ausgabe stellte die »Cucina Italiana« wieder eine ihrer großformatigen Seiten für Pro- und Kontra-Pasta-Stellungnahmen zur Verfügung[29] und erteilte unter dem Titel »La parola alla scienza« mit dem Physiologen Professor G. B. Palanti einem angesehenen Experten das Wort. Die Redaktion hatte namhafte Ernährungswissenschaftler mit einem ganzen Fragenkatalog traktiert, weil sie die Debatte weder auf Ulk, Schalk und Krawall gebürsteten Literaten und Dichtern überlassen wollte noch den Exponenten der italienischen Hochküche, wie das der Chefkoch Seiner Majestät des Königs von Italien gefordert

a *Costata alla fiorentina*] auch: Bistecca alla fiorentina, kurz: Fiorentina: gegrilltes Porterhouse- oder T-Bone-Steak. Nur »authentisch« (siehe dazu Nachwort, Alberto Grandi, S. 134), wenn vom Jungochsen der Rasse Chianina.
b *Abbacchio arrosto*] Mit Rosmarin und Knoblauch gebratenes Milchlamm.

hatte. Schließlich gehe es um die Volksgesundheit, nicht zuletzt aber auch um Wirtschaftsfragen. Italiens Landwirtschaft konnte den nationalen Bedarf an Hartweizen nicht decken. Die teuren Importe sollten durch Kampagnen für den Verzehr von einheimischem Reis verringert werden. In der »battaglia del grano« (Getreideschlacht), die das Regime ausgerufen hatte, war die Redaktion der »Cucina Italiana«, ebenso wie Marinetti, ganz auf Linie.

Die Fragen im Einzelnen:

»A. – ob der Nährwert von Pasta asciutta im Vergleich zu anderen gängigen Lebensmitteln hoch ist.

B. – ob es bei gleichem Nährwert sinnvoll ist, andere gängige Lebensmittel zu verwenden.

C. – ob der regelmäßige Verzehr von Pasta asciutta den Körper belastet, den Geist trübt oder dem Körper auf andere Weise schadet,

D. – ob der Verzehr dagegen empfehlenswert ist.

E. – Ob die Antworten auf die Punkte C) und D) für *jedes einzelne* Individuum, unabhängig von Alter und Konstitution, eindeutig und allgemein gültig sein können *oder ob die Antworten von Fall zu Fall angepasst werden müssen.*

F. – Gibt es besondere Umstände (Klima, Rasse, Konstitution, Art der Beschäftigung, Krankheiten usw.), unter denen der Verzehr von Pasta asciutta besonders empfehlenswert oder nicht empfehlenswert ist?«

In der März-Ausgabe veröffentlichte die »Cucina Italiana« den Fragen-Katalog und überließ zwei Ernährungswissenschaftlern mit ihren Gutachten eine ganze Seite.[30] In der April-Nummer kamen weitere sechs zu Wort,[31] bevor die Herausgeber in der Mai-Nummer mit einem weiteren halben Dutzend den Schlussstrich unter die Debatte zogen.[32]

Da hatte Marinetti nun die – unabweislichen? – wissenschaftlichen Befunde, auf die er gepocht hatte. Allein: Die fielen, naturgemäß, nicht ganz nach Wunsch aus und ließen sich nicht ohne weiteres vor seinen Karren spannen. Und wenn er die monatelang wogende und leidenschaftlich geführte Debatte so resümierte: »Aber während die Gegner der futuristischen Küche sich mit billiger Ironie und nostalgischem Bedauern zufriedengaben, wuchs die Zustimmung und Begeisterung für den Kampf gegen die Pasta asciutta«,[33] dann malte er gar zu sehr ins Schöne. Er schlachtete die Gutachten mehr als nur ein wenig tendenziös aus. Den Pro-Pasta-Gutachtern unterstellte er Befangenheit und sprach ihnen jegliche Kompetenz ab. Sie hätten ihre Stellungnahmen wohl in ihrer Stammtrattoria verfasst, »den Mund selig voll Spaghetti«, ließen die »geistige Klarheit«, die ihnen als Wissenschaftler gut anstehen würde, vermissen und scherten sich keinen Deut um die »hohen dynamischen Pflichten der Rasse sowie den beängstigenden Wirbelsturm glänzender Geschwindigkeiten und der äußerst heftigen widersprüchlichen Kräfte, die das moderne Leben bestimmen«.[34] Bei denen, die er zitierte, pickte er die Passagen heraus, die ihm in den Kram passten. Alles, was nicht »auf Linie« war, ließ er unter den Tisch fallen.

Den Genueser Klinker Nicola Pende etwa vereinnahmte Marinetti brachial, indem er dessen Gutachten so zitierte: »Der gewohnte und übertriebene Verzehr der Pasta asciutta ist sicher ausschlaggebend für die Verdickung und das übermäßige Volumen des Leibes. Die großen Pasta-asciutta-Esser sind von langsamem und friedfertigem Charakter, die Fleischesser von schnellem und aggressivem Charakter« – und damit Marinettis Ideal: der agile, behände, wache, fiebrige, vor Energie vibrierende Krieger. Etwas weiter und nicht tendenziös geschnitten, lautet Pendes Stellungnahme so: »Der übermäßige, regelmäßige Verzehr von Pasta asciutta führt zu einer gewissen Verdickung und einem ausgeprägten Bauchumfang, was bei prädisponierten Personen sicherlich zu einer Gewichtszunahme und durch diese Gewichtszunahme auch zu einer gewissen psychischen Trägheit führen kann. Dies hängt jedoch vor allem von der individuellen Konstitution und der Art der Arbeit ab, der sich der Einzelne widmet. Der Verzehr ist in mäßigen Mengen *für alle*[a] empfehlenswert, insbesondere aber *für Kinder* und Jugendliche sowie für Muskelarbeiter und Personen mit konstitutioneller Magerkeit. […] Menschen, die viel Nudeln essen, [sind] von langsamem und friedfertigem Charakter, Fleischesser hingegen von schnellem und aggressivem Charakter. Natürlich bedarf nicht nur dies weiterer wissenschaftlicher Untersuchungen, sondern führt zu der Schlussfolgerung, dass sowohl zu viel Nudeln als auch zu viel Fleisch schlecht ist und dass die Tugend in der Mitte liegt, in der gemischten und ausgewogenen Mahlzeit, die die Vorteile von Kohlenhydraten mit denen von Fleisch, Fett und Gemüse und Obst in Einklang bringt.«

Mit Grau in Grau – Maßhalten und »ausgewogene« Ernährung war der Tenor der eingesandten wissenschaftlichen Positionen – lässt sich keine Propagandaschlacht gewinnen. Schwarz-Weiß ist Marinettis Motto, und wenn er die Rückendeckung des hochangesehenen Kochs und Kulinarikpublizisten Amedeo Pettini für sich reklamiert, verkehrt er geradezu Schwarz in Weiß. Mit dem einleitenden Satz »Cavaliere Pettini, Chefkoch Seiner Majestät des

---

a Hervorhebungen (Kursivierungen) im Original.

Königs von Italien, bringt ein deutliches Wort in den Streit ein« zitierte er dessen Stellungnahme: »›Zweifellos belasten die Mehlprodukte den Körper und folglich ... bedrohen sie die Intelligenz‹«. Und dann bestätige Pettini in seiner Zuschrift an die »Italienische Küche« auch noch »die Notwendigkeit von Erneuerungen, des Modernismus, auch in der Küche; denn auch sie muß der Zeit entsprechen, ja, ihr sogar vorauseilen«.[35]

Die Stellungnahme Pettinis im Original: »Es steht außer Zweifel, dass alle stärkehaltigen Lebensmittel den Körper belasten und folglich … die Intelligenz bedrohen. Damit will ich nicht sagen, dass die Liebhaber der schmackhaften Teigwaren einfältig sind; ich neige zumindest dazu, festzustellen, dass es keinen gegenteiligen Zusammenhang gibt, das heißt keine Wechselbeziehung zwischen der Wachsamkeit des italienischen Geistes und der Spaghettimania. Neben den geschmacklichen, physiologischen und zeitlichen Werten, neben der Tradition und wirtschaftlich-industriellen Gründen sprechen auch sentimentale Erwägungen für die Befürworter der Pasta asciutta. Allenfalls die Frage ›*Welche* Pasta asciutta?‹ ist statthaft. […] Die Italiener sollten nicht zögern, neue Lebensmittel zu erproben, aber in der Zwischenzeit sollten sie ein Lebensmittel von so großer nationaler Bedeutung nicht schlechtmachen.

Auch in vielen anderen Punkten muss unsere Kost wissenschaftlicher und rationaler gestaltet werden, sie muss ein wenig erneuert werden und dabei auch dem veränderten Tempo des Lebens Rechnung tragen.«

Die Redaktion der »Cucina Italiana« resümierte: »Mit anderen Worten: Cav. Pettini stimmt der Vorfrage zu: ›Notwendigkeit von Innovationen, von Modernisierung in der Küche; denn auch sie muss der Zeit entsprechen und sie vielleicht sogar vorwegnehmen.‹ Aber er ist nicht ganz einverstanden mit der Kampagne Marinettis gegen die Pasta asciutta, deren Abschaffung für Marinetti das wichtigste Postulat seines Theorems ist; ja, seines Innovationsaxioms.«

Ugo Lombroso, Direktor des Instituts für Physiologie der Universität Palermo, begleitete seine lakonischen Antworten auf die Fragen A bis F mit einer launigen »von gesundem Menschenverstand«, wie er schreibt, inspirierten Vorbemerkung. Nur im Rahmen einer ziemlich überspannten Debatte könne sich ein völlig Ahnungsloser mit der »üblichen Dynamik« zur Behauptung aufschwingen, Wohl und Wehe Italiens hänge davon ab, ob das Land Risotto oder Pasta asciutta esse. Mit üppig Butter und Käse – »sehr, sehr viel Käse, besonders für Risotto!« – würden Pasta und Risotto gleichermaßen für die »zukünftige Größe Italiens« sorgen. Ihn erinnere die Debatte jedenfalls an die Eier-Krieg-Episode in »Gullivers Reisen«.[36]

Gut getroffen, Professor Lombroso! Zur Erinnerung: Die Liliputaner bekriegen sich seit Jahren mit den Blefuscanern über der Frage, wie ein gekochtes Ei aufzuschlagen sei: ob man es an der spitzen oder der stumpfen Seite köpfen solle. Jonathan Swift parodierte in dieser Episode den Konflikt zwischen der anglikanischen und der katholischen Kirche über das Verständnis der Eucharistie. Lombroso traf mit dieser Spitze Inhalt wie Stil der Auseinandersetzung: Es war eine Glaubensfrage: Schwarz oder Weiß, Freund oder Feind, Sein oder Nichtsein, Pasta-Enthusiast oder Pasta-Abolitionist. Die Parteien standen einander in der mit Inbrunst und Feuereifer geführten Auseinandersetzung um ein Nichts, das gleichzeitig Alles war, unversöhnlich gegenüber. Im Streit um des Kaisers Bart wurde mit harten Bandagen gefochten, mit Untergriffen und Schlägen unter die Gürtellinie.

Beispielhaft, wie Marco Ramperti und Paolo Monelli einander an die Gurgel gingen. Im als offener Brief gestalteten Pamphlet, das Ramperti in der Mailänder Tageszeitung »L'Ambrosiano« veröffentlichte, diente sich der renommierte Literat Marinetti als Fahnenträger im Kreuzzug gegen die Pasta an. Diese Kampagne erschien ihm als der kühnste Streich, den Marinetti je geführt hatte, als »die konsequenteste und logischste Kampagne von allen, die sich aus Deinem grundlegenden Manifest von vor zwanzig Jahren[a] ableiten: und man würde, ohne über die Zähigkeit und Halsstarrigkeit gewisser Gewohnheiten des Magens nachzudenken, so viel Widerstand gar nicht begreifen.« Der Befreiungskampf gegen die verheerende Pasta – die die Esser wie Blei beschwert, »die uns die Backen aufbläst, wie bei Brunnenfiguren; die wir in die Röhre kriegen wie bei Geburtstagstruthähnen; die uns mit ihren weichlichen Schnüren die Eingeweide zusammenbindet; und die uns das Blut zu Kopf steigen läßt und uns zu seufzenden Apoplektikern verdummt, mit jenem Gefühl der Nutzlosigkeit, das je nach dem Individuum Vergnügen oder Schande vermittelt, das aber jedenfalls von demjenigen, der sich rühmt, eine futuristische Seele zu haben oder auch nur jung und wach zu sein, verabscheut werden muß« –, der Kampf gegen die Sklaverei und Schmach der unheilvollen Pasta werde kein leichter werden, denn er ziele aufs Ganze, auf die »wahrhaft italienische Speise«, ja, auf den Inbegriff »des« Italieners. Der werde ja – welche Schmach! – im Ausland so boshaft wie treffend als »Makkaroni« bezeichnet, als wollüstig Spaghetti verschlingende Witzfigur *ge*zeichnet. Und »wie

a *Manifest von vor zwanzig Jahren*] »Manifesto del Futurismo«, das Gründungsmanifest aus dem Jahr 1909.

man weiß, werden die Sünden der Gefräßigkeit vom Herrgott am schnellsten bestraft. Die Sünde der Pasta asciutta wird augenblicklich gesühnt. Es ist der Bauch, der sich auf Kosten des Gehirns aufbläht. Es ist die Fesselung oder Verbannung aller liebevollen oder spirituellen Geister. Versucht es nur, nachdem der Bauch zum Platzen voll Bandnudeln ist, eine Polemik zu starten. Oder auch nach Kythera aufzubrechen. Ich schwöre euch, ihr werdet schon bei der ersten Etappe steckenbleiben, wenn ihr nicht die Abreise ganz aufgegeben habt. Welch ein verlorenes Paradies für einen Augenblick tierischen Vergessens!« Nur, fürchtete Ramperti, würden seine Landsleute, selbst wenn sie davon überzeugt waren, dass Italien wieder eine führende Rolle in der Welt spielen musste und es dazu eines agilen »Volkskörpers« bedurfte, jederzeit bereit sein, »diesen Vorrang für einen Teller Makkaroni abzutreten wie Esau einst für ein Linsengericht«.[37]

Postwendend zog Paolo Monelli in der Turiner »Gazzetta del Popolo« gegen Marinettis »kolossalen Silvester-Scherz«, diesen dreisten »futuristischen Ulk«, zu Felde und gegen den »Schandfleck«, den Ramperti im »Ambrosiano« hinterlassen hatte. »Jetzt komme ich, […] Sturmkompanie, rote Flamme des Herdes, grüne Flamme der Bologneser Lasagne, schwarze Flamme der Spaghetti mit Calamari; ich komme, um die Pasta asciutta zu verteidigen, das einzigartige urlateinische Essen, Freude des Tisches, Inbegriff der üppigen Tafel, Quell ewiger Jugend.« Völliger Unsinn, dass Pasta schwer verdaulich sei und schlaff, träge und schwermütig mache!

Der verkniffene Abstinenzler Ramperti habe natürlich kein Verständnis für die Seligkeit, die in einer ordentlichen Portion Pasta, begleitet von einem Gläschen trockenen italienischen Rotweins, liege: »Dann gönne ich mir eine Siesta, ein Nickerchen, ein Tagträumchen, eine zehnminütige Trägheit, wie jeder Gott ein wenig Verzückung von seinen Gläubigen verlangt. Und dann, Marinetti und Ramperti, befehlt mir: ›Welchen Hang soll ich mit den Skiern überwinden, welche Wand soll ich erklimmen, welchen Text soll ich entziffern, welche Frage soll ich untersuchen, welches Sonett soll ich schreiben, welches Abenteuer bestehen, welches Risiko auf mich nehmen, welchen Tod erleiden? Ich bin bereit, ich bin leicht, ich bin nur Nerven, Wille, Auge, Verstand. – Pasta asciutta, perfektes Essen!‹«

»Und mit welchem Nationalstolz«, so Monelli weiter und zum Kern seiner Argumentation vordringend, »sah ich in Deutschland schlanke italienische Mädchen, die Pasta mit Sugo verschlangen – und daneben ihre pausbäckigen, biertrinkenden bayrischen Schwestern! Lasagne, Rigatoni, Tagliatelle,

Trenette[a], Maccheroncelli[b], all die lächelnden Formen, mit denen sich unser erfinderischer Geist vergnügt, halten schlank.«

Auch die volkswirtschaftlichen Argumente, die Marinetti vorbrachte, ließ Monelli nicht gelten: »Er vergisst, wie wichtig Nudeln und Condimenti-Konserven für unsere Exportwirtschaft sind. Zehn Millionen Italiener, die über die ganze Welt verstreut sind, mögen ihre Sprache ein wenig vergessen haben, aber nicht ihre Leidenschaft für Pasta.«

Welches andere Volk könne sich eines so festen nationalen Bandes rühmen – fester als selbst die Sprache, die Sitten und der Glaube? Denn ein Italiener, der im Ausland einen Landsmann treffe, erkundige sich nicht, wie's in der Heimat stehe, gebe diesem keine Ratschläge, öffne ihm nicht die Brieftasche, bekenne sich nicht zu brüderlicher Verbundenheit, sondern er fasse all diese Dinge in eine einzige Frage – »gleichzeitig Bitte, Gebot und Gebet«: »Kommen Sie zu mir auf einen Teller Spaghetti!«[38]

Argumente und »Argumente« hin oder her, Marinetti hatte sein Urteil längst gefällt. Er stieß seinen Widersachern pauschal Bescheid: »Alle Verteidiger der Pasta asciutta und all die erbitterten Gegner der futuristischen Küche sind von melancholischem Temperament, zufrieden mit der Melancholie und Propagandisten der Melancholie.

Jeder Pasta-asciutta-Esser, der ehrlich das eigene Gewissen befragt, wenn er zweimal täglich seine Pyramide von Pasta asciutta verschlingt, wird in sich die traurige Genugtuung finden, damit ein schwarzes Loch zuzustopfen. Dieses gierige Loch ist seine unheilbare Traurigkeit. Er täuscht sich, denn er stopft es nicht zu. Nur ein futuristisches Mahl kann ihn erfreuen. Die Pasta asciutta ist zudem unmännlich, weil der beschwerte und beengte Magen niemals der physischen Begeisterung für die Frau und der Möglichkeit, sie geradewegs zu besitzen, förderlich ist.«[39]

Von wegen »Kinderspiel«: *Die* Schlacht war nicht zu gewinnen: Es war ein Glaubenskrieg, und Marinetti drang mit seiner Heilsbotschaft nicht durch. Die »pastasciuttari« konnten denn auch auf Rückhalt bis in höchste Kreise zählen. Auf dem Neujahrsempfang bei König Vittorio Emanuele III. habe

---

a *Trenette*] Genueser Pasta-Varietät, deren Bezeichnung sich vermutlich von »trena« (Schnur) ableitet (also »Schnürchen«).

b *Maccheroncelli*] kleine Makkaroni. – Zu Form und jeweiliger Funktion einzelner Pasta-Varietäten siehe: Eugenio Medagliani, Alessi: Pastario ovvero Atlante delle paste alimentari italiane / Pastario or Atlas of Italian Pastas. Crusinallo 1985, resp. Matthias Götz, Bruno Haldner unter Mitarbeit von Karolin Linker: Die gute Form. Teigwaren aller Art. Basel 1991.

ihn einer nach dem andern der anwesenden Minister und höchsten Staatsfunktionäre beiseite genommen und ihm geflüstert: »Ganz bei Ihnen, Marinetti, ganz bei Ihnen, ganz gleich, worum es geht – aber *nicht* in Sachen Pasta!«[40]

Was wäre die italienische Küche, was wäre ein italienisches Essen ohne Pasta?! Ein simples Pastagericht zu Mittag, eine Pasta als *primo* zum Abendessen versichert dem Italiener, der Italienerin, dass alles so ist, wie es sein soll, dass alles gut ist; bestätigt, dass sie Italiener, Italienerinnen sind.

In Italien tobte die Schlacht um die Pasta, dabei hatte das »Manifest der futuristischen Küche«, bei nüchterner Betrachtung (die bei diesem heiklen Punkt aber offensichtlich nicht möglich war), mit weitaus interessanteren Anstößen aufgewartet.

Marinetti kam in seiner Dokumentation darauf zu sprechen: »Einige von ihnen erklären, daß die Düfte, die Musik usw. lediglich Reizmitteln vergleichbar seien, während sie von uns als Mittel betrachtet werden, den Esser in einen optimistischen Gemütszustand zu versetzen, der besonders einer guten Verdauung förderlich ist. Und nicht allein das: die Düfte, die Musik und die Berührungsreize, die die futuristischen Speisen würzen, bereiten den heiteren und männlichen Seelenzustand vor, der für den Nachmittag und die Nacht unentbehrlich ist.«[41]

Was wirklich und bis heute interessant, was wegweisend war, wurde in den futuristischen Banketten der Jahre 1931 und 1932 entwickelt und praktiziert, opulenten eat-artistischen Diners und Banketten mit ihrer Erfindung »plastischer Geschmackskomplexe«. Den Auftakt bildete am 8. März 1931 ein Festessen in der Turiner »Taverna Santopalato« (Gasthaus zum heiligen Gaumen), bei dem einige der im Manifest angeführten Zubereitungen und futuristische »Signature Dishes« auf der Karte des 14-gängigen Menüs[a] standen. Im von

a Intuitive Vorspeise (Formel von Frau Colomba-Fillia)
Sonnenbrühe (Formel von Piccinelli)
Ganzreis mit Wein und Bier (Formel von Fillia)
Luftspeise, zum Anfassen, mit Geräuschen und Gerüchen (Formel von Fillia)
Ultramännlich (Formel von Saladin)
Fleischplastik (Formel von Fillia)
Nahrhafte Landschaft (Kreation von Giachino)
Italienisches Meer (Formel von Fillia): Fischfilets, auf denen je ein Zahnstocher eine kandierte Kirsche, ein Stück Banane und ein Stück Feige fixiert, serviert auf Flächen aus Spinat- und Tomatencreme, ihre Anordnung soll den Anblick eines »grotesken Ozeandampfers« bieten
Mittelmeersalat (Formel von Burdese)
Huhn Fiat (Formel von Diulgheroff): siehe S. 25, Fußnote a.

der Decke bis zum Fußboden mit Aluminium ausgestalteten und von indirekt beleuchtenden Lichtstelen illuminierten Kunstraum, die Wände bemalt mit futuristischen Fresken, sollten, so das ausdrückliche Ansinnen Fillias – der Maler führte als Ansager durch den Abend und erläuterte jeden neuen Gang mit einleitenden Worten – »ALLE PERSONEN außer guten Speisen auch DIE SENSATION ERLEBEN, KUNSTWERKE ZU ESSEN«.

Marinetti kam in seiner programmatischen einleitenden Ansprache auf seinen reichlich kruden funktionalistischen kulinarischen Grundsatz zu sprechen: »Man denkt, man träumt und man handelt nach Maßgabe dessen, was man trinkt und isst.« Eher noch als an Ludwig Feuerbach (»Der Mensch ist, was er ißt«) sieht Harald Lemke sich hier an die »ethnologisch nationalistische Position« Carl Friedrich von Rumohrs erinnert und zitiert folgende Passage aus dessen 1822 erschienenem »Geist der Kochkunst«: »Stumpfsinnige für sich hinbrütende Völker lieben mit schwer verdaulicher, häufiger Nahrung gleich den Masttieren sich anzustopfen. Geistreiche, aufsprudelnde Nationen lieben Nahrungsmittel, welche die Geschmacksnerven reizen, ohne den Unterleib zu beschweren. Tiefsinnige, nachdenkende Völker geben gleichgültigen Nahrungsmitteln den Vorzug, als welche weder durch einen hervorragenden Geschmack, noch durch eine schwerfällige Verdauung die Aufmerksamkeit zu sehr in Anspruch nehmen.«[42] Zu Recht, denn es ging Marinetti ja nicht in erster Linie um das leibliche und seelische Wohl des Einzelnen, die Kampagne der futuristischen Küche stand vielmehr im patriotischen Dienst der Schaffung eines »Volkskörpers«, der den nationalen Bedürfnissen zu genügen vermochte, im Dienst einer neuen – erneuerten – Zivilisation somit: eines wiedererstarkten, ruhmreichen Italien. Dem entsprach 1 : 1 und augenfällig der zehnte Gang, »Huhn Fiat«[a], in dem sich die von den Futuristen an-

---

Äquator + Nordpol (Formel von Prampolini)
Elastiksüß (Formel von Fillia): Windbeutel, gefüllt mit schreiend bunter Creme; obenauf montiert: eine halbe Trockenpflaume
Netzwerk des Himmels (Formel von Mino Rosso)
Früchte Italiens (Simultanformel)

a *»Huhn Fiat«*] »Man nehme ein ansehnliches Huhn und behandle es in zwei Schritten: es wird zuerst gekocht, sodann gebraten. Man grabe in den Rücken des Geflügels eine geräumige Höhlung, in die man als kugelige kleine Kissen eine Faust voll Bällchen von süßem Stahl lege. Dann nähe man auf das Hinterteil des Geflügels einen rohen Hahnenkamm in drei Scheiben. Die so vorbereitete Plastik jage man in den Ofen und lasse sie 10 Minuten drin. Wenn das Fleisch den Geschmack der süßen Stahlbällchen gut aufgesaugt hat, wird das Huhn auf den Tisch gebracht, mit Schlagsahne als Beilage« (Marinetti: Die futuristische Küche, S. 86).

gestrebte Synthese von Mensch und Maschine zur Kampfmaschine abbildete: Stählung des Volkskörpers durch Einverleibung von, eben, Stahl.

Und bei *dem* Signature Dish der futuristischen Küche, dem von Fillia entworfenen »Carneplastico«, ging es zuallerletzt um die ganz dem alimentären Code folgenden Zutaten – Fleisch und Gemüse –, sondern vielmehr um die Inszenierung als Skulptur. Es ging um die »militärisch-patriotisch-technisch-architektonische Assoziation« dieser »phallisch aufragenden«[43] Skulptur, um die Konnotation, die diese essbare Plastik nahelegt, »unübersehbares Zeichen futuristischer Virilität, erfüllt vom Höhentrieb, der Dynamik des Vertikalen«[44]. In Marinettis Beschreibung: »eine synthetische Interpretation der italienischen Landschaften, bestehend aus einem großen zylindrischen Stück gebratenem Kalbfleisch, das mit elf verschiedenen Sorten gekochtem Gemüse gefüllt ist. Dieser Zylinder, der senkrecht im Mittelpunkt des Tellers steht, wird von einer dicken Honigschicht bekrönt und an der Basis von einem Wurstring gestützt, der auf drei goldenen Kugeln aus Hühnerfleisch ruht.«[45]

Das Bankett war durchchoreographiert: Jedem Gericht ging ein Duft voraus, der darauf einstimmte, dann aber mit Ventilatoren vom Tisch weggeweht wurde, um Platz zu schaffen für den Duft der jeweils servierten Speise. Und mit den Zutaten und den jeweiligen Zubereitungen wären die einzelnen Gerichte nur sehr unzureichend beschrieben. Denn wie im »Manifest der futuristischen Küche« angekündigt, bildeten »diese Geschmacks-, Farb-, Duft- und Berührungsplastiken […] vollkommene Simultan-Mahlzeiten«. Es ging um synästhetische Erlebnisse, alle Sinne sollten angeregt werden. Was vom Esser resp. der Esserin geschärfte Aufmerksamkeit verlangte: »Wenn man futuristisch isst, operiert man mit allen fünf Sinnen: Tastsinn, Geschmack, Geruch, Gesicht, Gehör«, so Marinetti.[46] Gegessen wurde mit den Fingern, Fillias »Luftspeise« enthielt denn auch die Regieanweisung »zum Anfassen, mit Geräuschen und Gerüchen«: »Der zweite Gang besteht aus vier Stücken: auf dem Teller werden ein Fenchelviertel, eine Olive, eine kandierte Frucht und der Berührungsapparat serviert. Man schluckt die Olive hinunter, dann die kandierte Frucht, dann den Fenchel. Gleichzeitig führt man die Kuppe des Zeigefingers und des Mittelfingers der linken Hand mit Zartheit an dem rechteckigen Apparat vorbei, der aus einem Fleck von rotem Damast, einem kleinen Viereck von schwarzem Samt und einem Stückchen Glaspapier zusammengesetzt ist. Aus einer sorgfältig verborgenen singenden Quelle gehen die Noten des Fragments einer Wagner-Oper auf Reisen, und gleichzeitig spritzt der geschickteste und anmutigste Kellner ein Parfüm in die Luft. Verblüffende Resultate: probieren, um sich davon zu überzeugen.«[47]

Die Frage »Hat's geschmeckt?« verkennt zwar die Versuchsanordnung, sie wurde aber natürlich gestellt. »Squisito« (Köstlich), »ein Gericht, das seinesgleichen sucht!«, berichtete die Korrespondentin der »Kölnischen Zeitung«, Ruth Hiltebrandt, die Reaktionen auf das »Carneplastico«. Und selbst vom *»porco eccitato«* (Aufgeregtes / Gereiztes Schwein) – rohe Salami an heißem Espresso und Kölnisch Wasser –, das nicht auf der Karte stand, aber außertourlich serviert wurde und dessen Ankündigung seine Gäste ausnahmslos mit Entsetzen quittiert hatten, so Marinetti, wollten dann alle noch einen Nachschlag.[48]

Beruhigt waren nach dem ersten futuristischen Bankett auch die italienischen Makkaronifabrikanten. Die hatten Marinetti des Landesverrats geziehen, weil er es gewagt hatte, den mit Abstand typischsten Industrieartikel Italiens anzutasten. »Nach diesen eigenartigen Sprüngen der futuristischen Küche«, so Hiltebrandt, sahen sie die Gefahr »einer ernsthaften Abkehr vom bisher üblichen Küchenzettel« gebannt, konnten sich »wieder der Gewißheit hin[geben], daß die Makkaroni auch weiterhin Grundlage sowohl wie Höhepunkt der italienischen Speisekarte bleiben« würden.[49]

»Eine neue Ära der Gastronomie«, die in der Turiner Taverne mit der Anmutung eines Unterseeboots hätte anbrechen sollen, konnte auch Hans Mönkeberg, Berichterstatter des »Kölner Lokal-Anzeigers«, nicht erkennen. Erschienen ihm der gezielte Einsatz von Musik und Düften schon als »Absonderlichkeiten«, so muteten ihn die taktilen Reizungen der Fingerspitzen als »Gipfelpunkt des Snobismus« an. »Das ist ein Raffinement, für das sicherlich nicht jeder Verständnis aufbringen wird. Böswillige werden es vielleicht als Symbol deuten, wenn man ihnen das bestellte Schnitzel, das nicht gerade sehr zart ausgefallen ist, mit einem Lederplättchen serviert. Außerdem werden selbst die raffiniert zusammengestellten Düfte den Gast nicht darüber hinwegtäuschen können, wenn beispielsweise der Fisch nicht gerade frisch ist. Marinetti hat geäußert, daß er am großen Publikum eine umfangreiche Erziehungsaufgabe zu erfüllen habe. Er ist der Meinung, daß man der breiten Masse die neuen Gerichte geradezu aufzwingen müsse. Nun kann man sich allerdings nicht vorstellen, daß jemand, der an sein gutes, saftiges Beefsteak gewöhnt ist, Herrn Marinetti sein Geld ins Haus trägt, um sich den zweifelhaften Genuß von Würstchen zu verschaffen, die in Kaffee schwimmen. Auch die phantastische Ausstattung des Restaurants und die Vorstellung, in einem Unterseeboot essen zu dürfen, werden die merkwürdigen Speisen nicht schmackhafter machen, zumal in dem neuen Restaurant recht gesalzene Preise verlangt werden. Man erzählt sich, daß die Portionen nicht gerade sehr reichlich bemessen sind, so daß ein witziger Gast, der in dem Unterseeboot-Restaurant aß, die berechtigte Frage stellte, ob man die Speisen etwa durch das Periskop betrachten müsse.«[50]

Marinettis überspannte Rhetorik mag den Spott geradezu herausgefordert haben. Und ein wenig übersteuert, gar zu hochtourig mag auch der Vorspruch zur »Futuristischen Küche« von Marinetti und seinem Coautor Fillia dahergekommen sein: »Im Gegensatz zu den schon erschienenen und noch zu erwartenden Kritiken setzt sich die futuristische Revolution der Kochkunst, wie sie in diesem Band erläutert wird, das hohe, edle und gemeinnützige Ziel, die Ernährung unserer Rasse radikal zu ändern, um diese zu stärken, zu dynamisieren und zu spiritualisieren, und zwar durch ganz neue Speisen, bei denen Erfahrung, Intelligenz und Phantasie so wichtig sein werden wie bei den bisherigen Quantität, Einfallslosigkeit, Wiederholung und Preis.

Diese unsere futuristische Küche, wie der Motor eines Wasserflugzeugs auf hohe Geschwindigkeiten eingestellt, wird manchen zitternden Passatisten[a] verrückt und gefährlich vorkommen: sie will jedoch endlich eine Übereinstimmung zwischen dem Gaumen der Menschen und ihrem Leben heute und morgen schaffen.

Von den sprichwörtlichen Ausnahmen abgesehen, haben sich die Menschen bisher wie Ameisen, Mäuse, Katzen und Ochsen ernährt. Durch uns Futuristen entsteht die erste menschliche Küche, das heißt die Kunst, sich zu ernähren. Wie alle Künste schließt sie das Plagiat aus und verlangt schöpferische Originalität.

Nicht zufällig erscheint dieses Werk gerade in der Weltwirtschaftskrise, deren Entwicklung unklar scheint, während ihre gefährlich deprimierende Panik klar ist. Dieser Panik setzen wir eine futuristische Küche entgegen, das heißt: den Optimismus bei Tisch.«[51]

Die hehren Ziele mögen aufs Erste elitär anmuten, die kulinarische Revolution zielte jedoch darauf ab, »daß alle Personen die Sensation erleben, Kunstwerke zu essen«. Das war und ist aber schon in Zeiten allgemeinen Wohlstands ein Privileg von Ganztagshedonisten, die über genügend Muße

a *Passatismo*] Marinetti'scher Neologismus, abgeleitet von »passato« (vergangen). Gegenbegriff zu »Futurismo« und damit Schimpfwort. Steht für alles Überkommene, Überholte, Verzopfte.

verfüg(t)en, Essen täglich als Erkenntnis zu praktizieren und nicht als – durchaus genussvolles – Sich-Sättigen. Und war erst recht *überambitioniert in Zeiten* akuter Not, da für den Großteil seiner Landsleute nicht die Frage »Pasta oder Reis?« den kulinarischen Alltag bestimmte, sondern ob man überhaupt etwas zu essen hatte.

Aber sein synästhetischer Ansatz – Gerüche, Geräusche, Musik, Licht-, Oberflächen-, Gaumen- und Temperaturreize zu einem intensiv erlebbaren Ganzen zu verschmelzen – wurde von der kulinarischen Avantgarde wieder aufgegriffen. Ein Beispiel nur: »Sound of the Sea«, eins von Heston Blumenthals[a] Signature Dishes: Die Gäste erhalten ein mit (echtem) Sand gefülltes Holzkästchen, auf dessen Glasdeckel ein maritimer Mikrokosmos assembliert ist: Herz- und Venusmuscheln, Abalonen, Seetang und Meeresschaum auf essbarem »Sand« (auf der Basis von Tapiokamehl) bilden den »Teller« der Speisen. Außerdem bekommen sie eine Muschelschale. Im Inneren dieser Muschel befindet sich ein iPod. In den Kopfhörern befindet sich das letzte Element: der buchstäbliche Klang des Meeres, das Rauschen der Wellen, das Geschrei der Möwen. Das weckt Erinnerungen an Ferien, an Sommerurlaub in Gesellschaft von Freunden und Familie, an das Spielen am Strand. Diese Assoziationen intensivieren die Geschmackswahrnehmung.

Mehr als nur ein Vorschein auf die Eat-Art der zweiten Jahrhunderthälfte waren auch Marinettis Bankett-Happenings, sie begründeten vielmehr eine neue Form der künstlerischen Praxis, die ihre Blüten trieb und (noch) treibt: von Daniel Spoerri bis zu Paul Renner.[52]

Wer dächte beim Programmpunkt »Nehmen wir die Chemie in die Pflicht« nicht *auch* – neben dem von Marinetti rundweg positiv gezeichneten, von den allermeisten aber wohl als Schreckensszenario empfundenen personalisierten »Functional Foods« in Form von Pulvern und Pillen – an Laborküchen wie die des Katalanen Ferran Adrià (»El Bulli«), der sich mit Recht gegen das Etikett »Molekulargastronomie« wehrt? Von dessen polemischem Impetus, Stichwort: »Schaum«- resp. Schäumchenschläger, ganz abgesehen, verwahrt Adrià sich gegen die Banalisierung seiner metikulösen kulinarischen Grund-

a Wider besseres Wissen, denn Heston Blumenthal schildert, wie sein Drei-Sterne-Restaurant, »The Fat Duck«, in Bray zu seinem Namen kam (Heston Blumenthal: The Big Fat Duck Cookbook. London, New York, Berlin 2008, S. 47–48) – aber wenn *das* keine Filiation ist: Das erste Gericht, das beim futuristischen Künstlerbankett in der »Penna d'oca« serviert wurde (siehe S. 16), war »oca grassa«, fette Gans, ein Wortspiel Marinettis mit »foie gras« (Fett- resp. Stopfleber) und »oie gras« (fette Gans).

lagenforschung. Wer dächte beim Postulat »Denn wir wollen das Neue um jeden Preis, auch wenn die anderen es für verrückt halten« nicht an die Kochavantgarde der letzten drei Jahrzehnte? Das »Statement on the ›new cookery‹« – unter anderem am 10. Dezember 2006 im »Guardian« veröffentlicht – liest sich passagenweise wie eine Über- resp. Fortschreibung von Marinettis »Manifest«. Die Köche und Gastronomen Ferran Adrià (»El Bulli«), Heston Blumenthal (»The Fat Duck«) und Thomas Keller (»The French Laundry«) sowie der US-Kulinarikwissenschaftler Harold McGee stellten darin klar: »the term ›molecular gastronomy‹ does not describe our cooking, or indeed any style of cooking«,[a] aber auch: »We embrace innovation – new ingredients, techniques, appliances, information, and ideas – whenever it can make a real contribution to our cooking. We do not pursue novelty for its own sake«[b] und: »We believe that cooking can affect people in profound ways [...]. The act of eating engages all the senses as well as the mind. Preparing and serving food could therefore be the most complex and comprehensive of the performing arts. To explore the full expressive potential of food and cooking, we collaborate with scientists, from food chemists to psychologists, with artisans and artists (from all walks of the performing arts), architects, designers, industrial engineers.«[c]

Der Einsatz neuester Geräte und Verfahren zielt – im besten Fall – nicht auf Gags und Effekthascherei ab, sondern ermöglicht erst das virtuose Spiel mit Aromen, Texturen, Temperaturen, Farben, Haptiken, Aggregatzuständen, Gargraden und Gartechniken und damit ein Essen, das alle Sinne – und den Intellekt! – anspricht.

»Alltagstauglich« waren weder Marinettis Inszenierungen noch sein, gelinde gesagt, ungewöhnliches kulinarisch-ästhetisches Programm, noch gar sein Pasta-Bann. In Bologna feierte man wie aus Trotz und unbekümmert um die Chronologie im Mai 1931 mit Pomp und Trara »500 Jahre Tagliatelle«

a Der Begriff »Molekulargastronomie« beschreibt weder unsere Art zu kochen noch irgendeinen anderen Kochstil.

b Wir begrüßen Innovationen – neue Zutaten, Techniken, Geräte, Erkenntnisse und Ideen –, wenn sie denn einen echten Beitrag zu unserer Küche leisten. Nach Neuerungen um ihrer selbst willen streben wir nicht.

c Wir glauben, dass Kochen Menschen tief berühren kann [...]. Beim Essen werden alle Sinne angesprochen – und der Geist. Das Zubereiten und Servieren von Lebensmitteln ist vielleicht die komplexeste und umfassendste aller darstellenden Künste. Um das volle Ausdruckspotenzial von Lebensmitteln und Kochen zu erforschen, arbeiten wir mit Wissenschaftlern zusammen, von Lebensmittelchemikern bis hin zu Psychologen, mit Handwerkern und Künstlern (aus allen Feldern der darstellenden Künste), Architekten, Designern und Industrieingenieuren.

und verlieh dem Koch Mastro Zafirano, großem Sohn der Stadt, die Palme des Erfinders – dabei hatten die Tagliatelle 1487 das Licht der Küche erblickt, beim Hochzeitsbankett von Annibale Bentivoglio und Lucrezia d'Este. Nach der Enthüllung einer Gedenktafel und feierlicher Kranzniederlegung führte beim Festessen kein Geringerer als Marinetti den Vorsitz. Der schaute zwar während der ganzen Tagliatelle-Orgie finster drein, verdarb aber keinem der Nudelseligen mit Belehrungen oder Zornausbrüchen den Appetit. – Es handelte sich um einen Popanz, um eine lebensgroße porträtähnliche Puppe.[53]

So friedlich ging es selten her, wenn Marinetti in Sachen »Futuristische Küche« unterwegs war. Bei den zahlreichen Vorträgen in ganz Italien, vielen Städten Europas, der Türkei und Nordafrikas, die der Eröffnung des »Santopalato« folgten, erntete er erbitterten Widerstand aus dem Publikum. Unbekümmert um den Gegenwind, stellte er auch noch sein letztes Bühnenwerk, das zur Aufführung gelangte, in den Dienst der Anti-Pasta-Kampagne: »Simultanina«, ein »futuristisches Divertimento in 16 Synthesen« (Aufzügen, Bildern). Der Uraufführung am 2. Juni 1930 am Teatro Garibaldi in Padua folgte eine Tournee durch zahlreiche italienische Städte, die (mit Unterbrechungen) über ein Jahr dauerte. Den Theaterplakaten war nicht nur zu entnehmen, dass »S. E.« (»Seine Exzellenz«, die Anrede eines Angehörigen der Italienischen Akademie) im Anschluss an die Aufführung für einen »contradditorio« – das habituelle Streitgespräch, das oft genug handgreiflich endete – zur Verfügung stehen werde. In einem Kästchen stand auch zu lesen: »Während der zweiten Synthese wird Il Buongustaio [Der Feinschmecker] den anwesenden Feinspitzen eine futuristische Speise zeigen, die endlich mit der Religion der PASTA ASCIUTTA Schluss machen wird.« Tatsächlich machte »Der Feinschmecker«, einer der sechs Verehrer der titelgebenden Hauptfigur, im zweiten Aufzug dem Publikum Gusto auf »das originellste und schmackhafteste futuristische Gericht«, das »mittlerweile berühmte Carneplastico«, indem er es detailreich beschrieb und in allen Geschmacksnuancen schilderte, und das so appetitanregend, dass er vor seinem Abgang den Zusehern erlaubte »ihre glückselige Zunge gegen den heiligen Gaumen zu schnalzen«.

Das im Anschluss an die Aufführung geplante Streitgespräch begann zumeist schon mit dem Heben des Vorhangs, und zwar zwischen dem Publikum auf den Rängen und dem Bühnenpersonal, und es ebbte bis zum Ende der Aufführung nicht ab. Bei den meisten Vorstellungen war von Beginn an kaum ein Wort zu verstehen. Und mit Zungenschnalzen hielt sich das Publikum nicht auf. Gejohle, Gelächter, Gebrüll, das Spiel wurde ständig unterbrochen durch laute Zurufe wie: »Lang leben die Makkaroni!« und »Hoch die Spaghetti!«. Bei einer Aufführung in Mailand: »Der Widerspruch wuchs während der Vorführung immer mehr, und schließlich kam es zum offenen Ausbruch der Entrüstung. Man hörte beleidigende Zurufe der empörten Zuschauer, der Futurismus sei alter Plunder, Marinettis Tage seien vorüber und andere Liebenswürdigkeiten mehr. Darüber geriet Marinetti gleichfalls in Wut und entschädigte sich ausgiebig mit nicht minder schweren Beleidigungen.«[54]

Seiner Exzellenz war die Allüre des »Würdenträgers« so fremd wie je. Sobald er den goldbestickten Frack und den Galanteriedegen abgelegt hatte, frönte er seiner Lust zu provozieren, scheute am Rednerpult und auf der Bühne beim »contraddittorio« weder faules Obst noch vergammeltes Gemüse, noch faule Eier. Watschenträchtige Stimmung machte ihn keineswegs bang, im Gegenteil: Er ging gern in die Vollen und stürzte sich zuweilen, links und rechts Ohrfeigen verteilend, ins Parkett und bis hinaus ins Foyer.[55]

1911 hatte Marinetti im ganz auf Provokation gestellten »Manifest der futuristischen Bühnendichter« nicht nur dazu aufgerufen, bewusst gegen den Geschmack des Publikums zu schreiben, sondern von Autoren wie Schauspielern auch »die LUST, AUSGEPFIFFEN ZU WERDEN« gefordert. Da konnte er nun reiche Ernte einfahren.

Ob Marinetti den Tort, der ihm sozusagen auf eigenem Terrain angetan wurde, gern per Watsche geregelt hätte oder ob ihm angesichts des Insurgenten nur die Wahl zwischen Pistolen und Degen geblieben wäre, steht dahin. Die »Cucina Italiana«, die Marinetti beim Lancieren seines Feldzugs unterstützt hatte, indem sie in der Jänner-Nummer 1931 sein »Manifest der futuristischen Küche« abgedruckt hatte,[56] richtete – ausgerechnet – einen Sugo-Wettbewerb aus, den der Pescareser Pastafabrikant »Puritas« in der September-Nummer ausschrieb.[57] Marinetti war Mitglied der Jury, und während seine Kolleginnen und Kollegen noch witzelten, ob er kneifen oder sich dieser heiklen Aufgabe doch stellen würde – die Ausschreibung hatte Sugo für ein Kilogramm Puritas-*Pasta* gefordert –, tauchte er, spät, aber doch, zur Verkostungssitzung auf. Marinetti packte also, wie gewohnt, den Stier bei den Hörnern – diesfalls doch eher beim Schwanz: Ob man die eingereichten Sugi nicht auf Reis statt auf Nudeln verkosten könne? Nicht nur seine Überzeugung, auch seine Glaubwürdigkeit stehe auf dem Spiel. Die Jurymitglieder nickten seinen Vorschlag ab, man schritt zur Arbeit. War bei der Verkündung des Urteils in der März-Nummer 1932 noch kursorisch vom »exquisiten vegetarischen Sugo« Cavaliere Amedeo Pettinis, Leibkoch des italienischen

Königs, auf den »Maccheroni alla Chitarra« von »Puritas« die Rede,[58] so wurde das Rezept[a] im April-Heft verraten. Pettinis Preis-Sugo hatte inzwischen auch einen Namen: »Sugo Marinetti«.[59]

F. T. [Filippo Tommaso, geb. Emilio Angelo Carlo] **Marinetti** (22.12.1876 Alexandria, Ägypten–2.12.1944 Bellagio). Ab 1888 am französischen Jesuiten-Kolleg St. François-Xavier in Alexandria, ab 1894 Jusstudium in Paris, 1899 mit Dissertation an der Universität Genua abgeschlossen. Ab 1898 Journalist und Autor (Gedich-

a »Die Basis des Sugo besteht ausschließlich aus Gemüse, der Rest, eine sehr bescheidene Menge, gehört einem anderen Reich der Natur an, dient aber nur der Aromatisierung.

Zubereitung: Sie haben so viel Kochwasser (wenig gesalzen) vom Kartoffelkochen wie möglich beiseitegestellt. Bereiten Sie Schinken vor, fett und mager gemischt, braten Sie ihn in Butter an, und fügen Sie dann Zwiebel, Karotte, Sellerie in gleichen Mengen hinzu; alles gehackt. Braten Sie alles zusammen an, und fügen Sie Petersilie und einen Löffel gutes Tomatenmark hinzu; mit Kartoffelwasser ablöschen und einkochen lassen. Zum Schluss durch ein Sieb passieren und mit einem Esslöffel Essigkapern und 50 g entgräteten Sardellen oder Sardellenpaste in entsprechender Menge vermengen. Das Sugo sollte ziemlich dickflüssig sein.

Die »Maccheroni alla chitarra« (1 kg) in nicht zu salzigem Wasser kochen, abtropfen lassen und mit dem Sugo anmachen, dem etwas frische Butter und sehr wenig Parmesan hinzugefügt werden, damit der Geschmack der Kapern hervorgehoben wird. In eine Schüssel geben, mit dem Sugo überziehen und einige in dünne Scheiben geschnittene frische Artischocken, die in Butter und etwas Öl gegart wurden, draufgeben; zuletzt eine Handvoll dünn geschnittene, grüne Pistazienkerne drüberstreuen. Dieses Sugo, das sich hervorragend für jede Art von Pasta oder trockenem Reis eignet, ist besonders für die hervorragende Pasta »Puritas« geeignet. Amedeo Pettini – Chefkoch S. M. [Seiner Majestät] des Königs.«

te, Theaterstücke, Romane). Verkehrte in Paris im Umfeld der französischen Symbolisten. 1909 »Futuristisches Manifest«: radikale Ablehnung der bürgerlichen Lebenswelt, Hang zum Extravaganten und Exzentrischen, Verherrlichung von Technik und Tempo, Krieg und roher Gewalt, ziellosem, asozialem Vitalismus. 1915–1918 Soldat. 1918 Gründung der sozialrevolutionären, nationalistischen Futuristischen Partei – »Die Kunst und die Künstler an die Macht!« –, die 1919 in der von Benito Mussolini gegründeten Faschistischen Partei Italiens aufging. 1920 Bruch mit Mussolini wegen dessen Annäherung ans bürgerliche Lager. 1924 Wiederannäherung. 1929 Mitglied der Akademie der Wissenschaften und der Künste. 1935 freiwillige Teilnahme am Überfall auf Abessinien, 1941 bis Ende 1942 mit dem italienischen Expeditionskorps an der russischen Front.

ADOLF LOOS:

Die Wiener Küche ist die ekelhafteste der Welt!

Nicht nur das Leibregiment machte mobil, auch Zivilisten sonder Zahl eilten unter die Waffen, galt es doch, den kühnsten Angriff abzuwehren, den je einer in Wien gewagt hatte: einen Stoß gegen den Genius Loci – eine Kriegsansage an die Wiener Mehlspeise. »Er hätte Schönbrunn und den Prater lästern, er hätte den Vater Radetzky und die Deutschmeister verunglimpfen müssen, ja vielleicht wäre ihm sogar eine Blasphemie auf Grinzing und den Heurigen verziehen worden – aber eine Attacke gegen die Wiener Mehlspeise, nein, das war Landesverrat«, ätzte der Publizist Anton Kuh und erinnerte daran, dass der Störenfried schon einmal (beinah) ganz Wien in Harnisch gebracht hatte: Er hatte die Stirn gehabt, auf dem altehrwürdigen Michaelerplatz einen »zierlosen, nackten Kasten [...] mitten ins lieblichste Barock« hineinzustellen – »ein Stein gewordenes Pamphlet«.[1] Er hatte in den Jahren 1910, 1911 im Auftrag der Herrenmodefirma Goldman & Salatsch ein Haus ohne Karyatiden am Portal erbaut, ohne Löwenköpfe an Sims und Giebel, ohne geflügelte Engel oder Genien, ohne Gipsgirlanden rund um die Fenster, überhaupt ganz ohne Stuck und Schnörkel und Zierat, eine glatte, ornamentlose Fassade mit quadratischen Fenstern, die »diesem Scheusal von einem Wohnhause«, diesem »geschmacklosen und jeder Architektur und Kunst hohnsprechenden Gebäude« – so der christlichsoziale Wiener Gemeinderat Karl Rykl, seines Zeichens Bildhauer und Kunststeinerzeuger, in einer Interpellation an den Bürgermeister[2] – die Bezeichnung »Kanalgitterhaus« eintrugen.

Der Wiener lässt sich viel sagen, quittiert's mit einem stoischen Achselzucken, dreht sich um und lässt den Herrgott einen guten Mann sein. Aber wenn sich jemand erfrecht, ihm sein »Papperl«[a] madig zu machen, und ihm in

a *Papperl*] Essen.

seine lieb gewonnene Suppe spuckt, um ihm den Appetit darauf zu verderben, dann stößt's ihm sauer auf. Und wenn ihm jemand unter die Nase reibt, dass er »fresse«, dann hat er schon »g'fressen«[a].

Genau das hatte Adolf Loos in einem zweistündigen Vortrag zum Thema »Wiener Küche – französische Küche« am Samstag, dem 19. Feber 1927, getan – mitten in Wien: im Festsaal des Niederösterreichischen Gewerbevereins, Wien I., Eschenbachgasse 11. »Als ein kulinarischer beziehungsweise antikulinarischer Abraham a Santa Clara« (Kuh) hatte er dabei die Wiener Küche als »die ekelhafteste der Welt« bezeichnet und sich über das »Mehlspeisg'frieß«[b], das ihm aus der Wiener Kochkunst entgegenglotze, ereifert. »Die Köchinnen beiderlei Geschlechts schäumten, ins Herz der ›Tradition‹ und ›Kultur‹ getroffen, auf. Man zischte Loos im Saal nieder. ›Ohos‹ und ›Pfuis‹ durchlärmten die Reihen«, berichtete der Augen- und Ohrenzeuge Anton Kuh.

Ein Manuskript der Rede ist nicht überliefert – Loos sprach frei –, sie lässt sich jedoch in den Grundzügen aus dem empörten Echo rekonstruieren, das durch den Blätterwald rauschte. Das »Neue Wiener Journal« bot ein Digest der Loos'schen Philippika:

Ich erkläre, daß sich die Wiener Küche seit zweihundert Jahren nicht geändert hat. Die physische und psychische Struktur des Menschen hat eine vollkommene Umwandlung erfahren, nur in Wien kocht man noch so wie im 18. Jahrhundert. Zudem leistet der Wiener im Essen Beispielloses. Er nimmt nicht Nahrung zu sich, um satt zu werden, sondern er ißt, bis er platzt. In erster Linie die Mehlspeisen, wie Knödel, auf die der Wiener so stolz ist und die man in den Weststaaten überhaupt nicht kennt. Der Franzose zum Beispiel nimmt Mehl nur in Form von Brot zu sich. Die Wiener Küche hat außerdem den Kardinalfehler, daß sie die Mannigfaltigkeit des Speisezettels ablehnt. Man »pampft«[c] sich hier gern mit einer Speise an, steht mittags total gebrochen vom Tisch auf und ist zu Arbeit teils ganz, teils zur Hälfte unfähig.

Was mir in den Weststaaten so gefallen hat, ist die Mahlzeit mit vielen Gängen, von denen man womöglich wenig nimmt. In Frankreich erhebt man sich vom Essen genau so frisch und leicht, wie man sich niedergesetzt hat. Ebenso verfehlt ist hier die Erziehungsmethode, die die Kinder zwingt, möglichst viel zu essen. Sicherlich kommen die Wiener Kinder mit modernen Nerven zur Welt, doch wird

a *schon g'fressen haben*] etwas nicht leiden können, sauer sein.
b *G'fri(e)ß*] Fresse.
c *pampfen*] Essen in sich hineinstopfen.

ihnen natürlich im Laufe der Jahre diese altmodische Küche eingeprügelt. Und wenn sie dann erwachsen sind, haben sie sich diese Kost (bei diesem Wort zieht Loos ein saures Gesicht) so gewöhnt, daß sie dann behaupten, die Wiener Küche sei die beste der Welt. Was ist die Folge? Speisesoda und wieder Speisesoda. Jeder zweite Wiener hat einen verdorbenen Magen. Kommt er dann ins Ausland, fühlt er sich bei der ersten Auster oder Seefisch dem Tode nahe. Er ist auf seine Küche so eingestellt, daß er eine andere nicht mehr verträgt.

Eine normale Mahlzeit in Frankreich besteht aus sechs Gängen. Suppe oder Hors d'œuvre, Vorspeise, Fleisch, Gemüse oder Salat, Käse, Obst. Jeder Mensch ißt die gleiche Quantität, der geistige oder manuelle Arbeiter, der Junge oder der Alte: der Ausgleich erfolgt beim Käse, von dem der einzelne mehr oder weniger nimmt. Ohne Käse ist eine Mahlzeit in Frankreich undenkbar. Man darf nicht sagen, sechs Gänge sind sechs Teller, bei sechs Personen sechsunddreißig Teller, zu deren Reinigung man das Personal verdreifachen müßte. Die Sache ist aber anders. Da jeder von den einzelnen Gängen nur soviel nimmt, als er aufißt, ist der Teller, nachdem er mit einem Stück Brot ausgeschmiert wird, jedesmal tadellos rein. Und was ich jetzt sage, werde ich auch in meinem Vortragszyklus an der Sorbonne sagen: Auf diesem Stückchen Brot, das den Teller reinigt, beruht die große Kultur Frankreichs.

Zum Schluß möchte ich noch über die Getränke sprechen. In Wien wird zu viel Wasser getrunken. Der übermäßige Genuß von Wasser ist genau so schädlich wie der von Alkohol. Der Franzose trinkt zu jeder Mahlzeit Wein. Aber nicht um zu trinken, sondern um sich sozusagen nach jedem Gang den Mund zu spülen und also für die nächste Speise gerüstet zu sein. Zusammenfassend: die Wiener Küche ist dringend reformbedürftig. Mehr Abwechslung und weniger Quantität.[3]

Die Untergriffe des – ergänze: sauberen – »Herrn Loos« lagen den Donau-Phäaken, die sich im Besitz der besten Küche der Welt wähnten, schwer im Magen.

Der Vorwurf, die Wiener seien »rohe Fresser«, rührte offenbar an eine äußerst sensible Stelle des donaumetropolitanen Selbstverständnisses. »Der Tag« ließ sich ausführlich darüber aus. Das Vielessen, wurde Loos zitiert, mache den Wiener im Ausland, besonders in Paris, zum Gespött der Leute. »Wiener, kommt Ihr nach Frankreich, so freßts nicht zu viel Hors d'œuvre«, habe Loos gemahnt und »allerlei lustige Erlebnisse mit einer Wienerin in einem Pariser Restaurant erzählt, die in Unkenntnis der französischen Sitten die Hors d'œuvres aller zu erwartenden Gäste auf einen Sitz vertilgt hatte«.[4]

An diese launige Episode habe sich eine »vernichtende Kritik« der »nationalen Manie« des Zwetschkenknödel- oder Marillenknödel-Wettessens angeschlossen, so der »Tag« weiter, dessen Bericht einigen Aufschluss über die Atmosphäre im Auditorium gab: »Vielessen ist asozial. Denn man vertilgt überflüssige Werte. Das nächste dicke Buch, sagt Loos wehmütig, das ich schreiben würde, müßte den Titel führen: ›Gedanken im Abort bei Betrachtung meiner Exkremente‹. Ob er einem Buch wirklich diesen Titel geben würde, weiß ich nicht. Daß aber einige Damen wollüstig erschauerten [...], ist sicher.«

Gebeutelt dürfte es diese Damen auch haben, als Loos das Geheimnis der Attraktivität des Knödels lüftete: »Denn der Schweißgeruch der Hand, die den Knödel formt, auf erotische Geruchsverbindungen zurückgeführt, macht den Knödel schmackhaft, gibt ihm die richtige Würze. Conférenciermäßig eingeworfen, eine lustige Schilderung des *Urknödels,* der in *Albanien* daheim ist. Er entsteht dadurch, daß der Gastgeber von den Speisen aller ein bißchen nimmt, dies zu einer Kugel formt und sie als Zeichen höchster Ehrung dem Lieblingsgast zuwirft.

Die *Pompfuneber-Gastronomie*[a] der Wiener, Tierleichen prunkhaft aufzubauen, Sandwiches so zu arrangieren, daß womöglich jedes Stückchen Fleisch in die Hand genommen werden muß, die Kaisersemmel[b], die dem Wiener angeblich nur deshalb so gut schmeckt, weil man sieben- oder achtmal den rohen Teig mit der Hand berühren muß. Überhaupt ist jede Mehlspeise deshalb Freude des Wieners, weil die Schweißhand ... (Und die Damen erschauerten wieder.)«[5]

Loos verstieg sich – ob launig »conférenciermäßig eingeworfen« oder ernst gemeint – zur steilen These, die Österreicher hätten den Weltkrieg nur verloren, weil sie – die Angaben gehen hier auseinander – »mit unverständlicher Bockbeinigkeit an dem Gebrauche festgehalten habe[n], die Gemüse einzubrennen«;[6] weil sie darüber spotteten, dass die englischen Soldaten Jam und Hafergrütze zum Frühstück aßen, statt das auch zu tun;[7] weil sie, erinnert sich Oskar Kokoschka noch Jahrzehnte später, »statt der Früchte des Meeres nur Knödel, Strudel und Torten essen«.[8]

Der Verband der Köche Österreichs nahm den Fehdehandschuh auf, den Loos der Zunft hingeworfen hatte, und räumte in seiner offiziellen Stellung-

a *Pompfuneber / Pompfüneberer*] feierlich gekleideter (uniformierter) Leichenbegleiter bei Begräbnissen.
b *Kaisersemmel*] Wiener Weißbrot-Spezialität, »Brötchen« mit fünfteiligem »Stern«.

nahme, wie der mit »Mehlspeisg'friß« unterzeichnende Berichterstatter mit Genugtuung bemerkt, den »*unsachlichen* Ausführungen des Vortragenden« das Wilde »obi«[a].[9] In der Abwehrschlacht wurde – frei nach dem Motto: Warum denn gleich sachlich werden, es geht ja auch persönlich – alles an untergriffigen Strategien aufgefahren, um den Angreifer zu diskreditieren. Loos, der seit Jahren in der französischen Hauptstadt lebte, habe eben »die für seinen geschwächten Magen bekömmlichere Pariser Kost zur Idealkost erhoben«. Tatsächlich hatte Loos sich Jahrzehnte hindurch mit Magenschwüren und darauf abgestimmten Diäten herumgeplagt und war erst nach einer Operation im Mai 1918 so weit hergestellt, dass er wieder alles essen und trinken konnte.

Loos' Vortrag als Wutrede abtun zu wollen – weil sich die Wiener Küche auf seinen empfindlichen Magen geschlagen hatte – griffe allzu kurz. Loos erhob den Anspruch, für alle möglichen Bereiche des modernen Alltagslebens nicht nur Rat zu wissen, sondern auch gleich reformerisch, um nicht zu sagen: reformatorisch zuständig zu sein und von Grund auf umzukrempeln. Allein was die elementare Alltagspraxis »Kochen und Essen« betrifft, ist die Vielzahl an Interventionen kaum überschaubar. Unter anderem zu den Themen: rationelle Führung eines modernen Haushalts (1898)[10]; Tischsitten und Essetikette (1903)[11]; die Wiener Unart, beim Nachsalzen mangels eines eigenen Salzlöffelchens in Restaurants mit dem Messer, auf dem sich Speisereste befinden, ins Salzfass zu fahren, wodurch »das Gasthaussalz nach und nach den Geschmack und die Farbe der ganzen Speisekarte an[nimmt]« (1903)[12]; wie man sich bei Tisch Obstkernen entledigt (1903)[13]; über die richtige Handhabung des Essbestecks (1911)[14]; das Wiener Gabelfrühstück[b] und den von ihm favorisierten Porridge (1921)[15]; »Küche oder Wohnküche?« (1927)[16] ; den idealen »Salzstreuer« (1933)[17].

Bemerkenswert bleibt aber immerhin sein Gesinnungswandel: Denn Loos revidierte zwar bei Themen, die ihn sein Leben lang beschäftigten, seine Positionen vielfach, bei der Wiener Küche gestattete er sich aber gleich eine Kehrtwendung um 180 Grad.

1903 hatte er sich nämlich unter der Rubrik »Was man uns verkauft«, mit der er »[s]ein Publikum zu Kennern zu erziehen« gedachte, noch enthusiastisch über die hiesige Gastronomie sowie das Ein-Gang-Essen geäußert: »Es freut mich, konstatieren zu können, daß man in keiner Stadt der Welt so gut

---

a *jemand das Wilde obirama (runterräumen)*] jemand die Schneid abkaufen, zur Räson bringen.
b *Gabelfrühstück*] eine kleine warme spätvormittägliche Zwischenmahlzeit: ein kleines Gulasch, ein Beuschel, Würstel mit (Gulasch-)Saft.

speist wie in Wien. Ob ich mir ein Gollasch in einem Vorortegasthause oder ein Bœuf à la Noël et Pattard[a] im ›Bristol‹ geben lasse – es ist beides wohlschmeckend und gut zubereitet. Von welcher Stadt könnte man das noch behaupten! Das Lob der guten Küche gilt für ganz Österreich. Warum kochen nun die österreichischen Restaurateure so gut? *Weil die Österreicher etwas vom Kochen verstehen.*[b] Der österreichische Restaurateur würde sicher lieber wie sein deutscher Kollege arbeiten. Vier Gänge um eine Mark. Billig. Und doch verdient man mehr dabei. Denn das deutsche Publikum ißt, was man ihm vorsetzt, ist damit zufrieden, zahlt und geht. Der Österreicher aber sagt: Ich verzichte gern auf die vier Gänge. Ich zahle gern dasselbe Geld für einen Gang allein. Denn die vier Gänge sind für mich wertlos. Ich kann sie nicht essen. Sie sind mir zu schlecht.«[18]

Sein Lob galt hier zwar dem verständigen Esser, dem »kritischen Konsumenten« und nicht dem Repertoire der Wiener Küche, aber Loos empfahl auch für ein damals in Wien nicht bekanntes Gemüse – »egg-plant – Eierpflanze« genannt und seit kurzem unter der Bezeichnung »Melanzane« auf dem Naschmarkt angeboten – eine Zubereitung, die ganz auf der hiesigen Linie lag und liegt: Panieren. Und war hörbar stolz, dass er es in Marie Juraks vegetarischem Restaurant »Wohlfahrt« in der Spiegelgasse 8 (Sitz des »Vereins für Vegetarismus und Naturheilkunde«) acht Tage lang so zubereiten ließ; für alle, die kosten und nachkochen wollten.[19]

Kochen und Essen spielten im Alltag Adolf Loos' eine große Rolle. Er war ein kundiger und neugieriger Kulinariker, ein versierter, experimentierfreudiger Koch. Seine Ehefrauen Elsie Altmann und Claire Beck berichten in ihren Erinnerungen ausführlich davon. Claire Beck lässt sich auch über den Loos'schen Küchenzettel aus, der »so international« gewesen sei »wie der ganze Mann«.[20]

Das Recht und die Kompetenz, sich zum verfänglichen Thema zu äußern, wurden Loos indessen gleich mehrfach und gleich auch rundweg abgesprochen: Die Hauswirtschaft-Redakteurin der »Neuen Freien Presse« bezeichnete ihn als »Outsider« – »Outsider, weil er weder Hausfrau noch Koch ist«[21] –, das »Illustrierte Wiener Extrablatt« als »Zugereisten«[22]. Der Verband der Köche Österreichs bestand darauf, »daß es immer Geschmacksache bleibt, was und wieviel jeder ißt, genauso Geschmacksache, wem und wie vielen ein

a *Bœuf à la Noël et Pattard*] Rindfleisch nach Art des Grandhotels »Noël & Pattard« (in Monte Carlo und im Seebad Cabourg).
b Hervorhebung im Original (dort nicht kursiv, sondern gesperrt).

architektonischer Bau mit Gitterfenstern besser gefällt als mit Spiegelscheiben. Jedenfalls würden *wir* über Architektur keinen Vortrag halten, solange wir den Stoff des Vortrages nicht bemeistern.«[23] Der Direktor der Österreich-Sektion des Internationalen Genfer Verbandes[a] schlug in dieselbe Kerbe: »Vielleicht wunderte sich mancher darüber, daß nicht die Leute vom Bau, die Köche, auf die famose Idee kamen, eine Reform anzustreben, sondern daß ein Architekt kommen mußte, um uns die schädliche und ekelhafte Wiener Küche bloßzulegen. Was ist aber schließlich auch dabei? Vielleicht greift morgen schon einer unserer großen Kochkünstler zur Feder, um die moderne Architektur eines Loos kritisch zu untersuchen oder über die Zweckmäßigkeit der modernen Bauten zu schreiben. Warum soll der eine nicht genau soviel vom Bauen und von architektonischen Entwürfen verstehen wie der andere vom Kochen?«[24]

Und er verwahrte sich gegen den Vorhalt, die Wiener Küche sei rückständig, nicht zeitgemäß: »Na, na, verehrter Herr Architekt, so schlimm ist es doch nicht, und wenn wir auch in Wien seit zweihundert Jahren gern Backhendl[b] und Gurkensalat oder Schweinskarree mit Krautsalat essen, so darf man uns Wiener deshalb doch nicht gleich so grob anfahren und als Rückständler schildern. Wie lange ißt man nicht schon in England sein Roastbeef mit Yorkshirepudding, in Frankreich aber seine *Bouillabaisse* und sein *Poulet en Casserol*? Wer findet sich, um hier von kulinarischem Stillstand zu sprechen.«

Und pochte auf die Tradition und den »Weltruf« der Wiener Küche: »Der französischen Küche alle Ehre, sie ist gewiß schmackhaft, fein und gut und in mancher Beziehung die erste der Welt, aber dann? Dann folgt – so glauben es wenigstens noch sehr viele – gleich die ekelhafte Wiener Küche, die nicht nur gut und ausgiebig, sondern auch an Spezialitäten reich zu nennen ist und

a *Internationaler Genfer Verband*] 1877 in Genf als Unterstützungs- und Hilfsverein gegründete internationale Organisation von im Hotel- und Gaststättengewerbe Angestellten.
b In der Zwischenkriegszeit war noch Backhendl (nicht wie später Wiener Schnitzel – siehe Nachwort) das kulinarische Wahrzeichen Österreichs. Das (sowie das Klischee vom austriakischen, spezifischer: Wiener Phäaken [um nicht zu sagen: Vielfraß]) kommt unmissverständlich in Charlie Roellinghoffs Klischeeparade »Was nimmst du mit?« zum Ausdruck: »Die Nationen der Erde kommandierten je einen ihrer Söhne ab nach einer einsamen Insel. Jedem von ihnen ward freigestellt, Dreierlei mitzunehmen, aber nur Dreierlei! Was nahmen sie mit? *Der Engländer:* die ›Times‹, einen Fußball und ein Sweepstake-Los. *Der Franzose:* die Frau, die Geliebte und einen Kinderwagen. *Der Deutsche:* polizeiliche Abmeldung, Parteiprogramm, polizeiliche Anmeldung. [...] *Der Österreicher:* ein Backhendl, einen Apfelstrudel, ein Klavier« (Charlie Roellinghoff: Was nimmst du mit? In: B. Z. am Mittag, Jg. 55, Nr. 294, 17.12.1931, Erstes Beiblatt [S. 1]).

beim internationalen Reisepublikum entschieden mehr Anhänger findet wie manche andere Nationalküche.« Und das mit vollem Recht. Die Wiener Küche *hatte* Renommee.

Die Mannschaft des »Verbandes der Küche Österreichs« belegte bei den Wettbewerben der vom Weltbund der Köche veranstalteten und ab 1929 jährlich stattfindenden Internationalen Kochkunstausstellungen immer Spitzenplätze, in Zürich rangierte sie 1931 als Punktesieger vor ihren französischen, deutschen und italienischen Kollegen. Allerdings war dort das französische Nobelhotel-Repertoire gefragt. Die Beweiskraft der Selbsteinschätzung des Verbandes der Köche Österreichs könnte man auch noch in Zweifel ziehen. In dessen »Offiziellem Kochbuch« ist die Rede von den »hervorragenden Köche[n] Wiens, deren Ruf bis in fernste Länder gedrungen ist«.[25] Die Einschätzung des Österreichischen Hausfrauenbundes ist aber nicht von der Hand zu weisen: »Ist doch die ›Wiener Küche‹ seit eh und je ein Bestandteil der Marke ›Wien‹ und hat zur Beliebtheit und Geltung unserer Stadt in aller Welt ebenso beigetragen wie beispielsweise die ›Wiener Musik‹, die ›Wiener Mode‹ oder das ›Wiener Kunstgewerbe‹.«[26] *Die* Sammlung vegetarischer Rezepte, »[Eduard] Baltzer's Vegetarisches Kochbuch«, kam auch um die »Aufnahme von Rezepten der beliebten Wiener Küche« nicht herum.[27] Und wenn das Wiener Repertoire in deutschen Kochbüchern nicht beherzigt wurde, traten die Nutzer und Nutzerinnen auf den Plan. Die Porzellanhersteller »Gebr. Bauscher Weiden (Oberpf.) und Lorenz Hutschenreuther AG. Selb« gaben 1930 ein 288-seitiges Kochbuch heraus, das in zweiter Auflage um 32 Seiten ergänzt werden musste: »Die auf vielfachen Wunsch aufgenommenen Rezepte der Wiener Küche sind jeweils an den Schluß der einzelnen Speisengruppen gesetzt«.[28] In die in der Stuttgarter »Franckh'schen Verlagshandlung« erscheinenden Reihe »Heimatgerichte« – Untertitel: »Spezialrezepte aller Gaue in einer Reihe billiger Einzelhefte« – wurde, ein kulinarischer Vorgriff auf die politische Entwicklung, 1936 auch »Österreich« aufgenommen: das einzige Doppelheft in der zehn Hefte umfassenden Reihe. Am 1. September 1928 eröffnete am Potsdamer Platz das »Haus Vaterland«, ein riesiger Gaststätten- und Vergnügungsbetrieb mit einer Vielzahl an »Themenrestaurants«, »Erlebnisgastronomie« avant la lettre. Dort durfte natürlich eine Grinzinger »Heurigen-Schänke« nicht fehlen. In dem riesigen Saal gab's neben »Original Wiener *Schrammelmusik*«, einem »Wiener *Wäschermädl-Ballett*« und einem Schubert-Lieder-Quartett selbstverständlich auch »*Original Wiener Küche,* deren Weltruf bekannt ist und die sich hier von ihrer besten Seite zeigt«, so die Festschrift zur Eröffnung.[29] Und hier, in Berlin, waren die Wiener als Feinspitze, als in kulinarischen Dingen sehr heikel, weil verwöhnt angeschrieben. »Besonders schwierige Herren sind die Österreicher. Ihnen schmeckt es eigentlich nur in Wien«, hielt Felix Josky in seinem »Rundgang durch die Berliner Gaststätten« einleitend fest. Und weiter: »Die österreichische Küche ist gut. Es heißt zwar alles falsch. Aber man bekommt im kleinsten ›Beisel‹ die österreichischen Spezialgerichte genau so gut wie bei Sacher in Wien.«[30] Eine »Berliner Küche« gebe es nicht, »und nur der Fremde nennt das, was ihm bei uns nicht schmeckt: ›Berliner Küche‹.«

Zurück zu den innerösterreichischen Querelen: Neben der jovialen Abmahnung à la »Na, na, Herr Loos, wer wird denn gleich ...«, der Verharmlosung zum »liebenswürdigen Schimpfer«[31] und dem platten Auflaufenlassen – »Lieber Loos, essen S' halt woanders«[32] – kam auch die berüchtigte wienerische Abwehr »Ersticken durch Umarmen« zum Einsatz: »›Das Ekelerregendste ist die Wiener Küche, das Ideal die französische Küche.‹ Es gibt nichts Wienerischeres als diesen Ausspruch. Denn zwei Stunden lang über die Wiener Küche zu schimpfen, bringt nur ein Urwiener fertig.«[33]

Auf der sachlichen Ebene der Auseinandersetzung mussten die Lokalpatrioten zähneknirschend zugestehen, dass die Wiener Kochkunst während der Kriegs- und Nachkriegsjahre gelitten hatte. Wo Schmalhans Küchenmeister sei, man sich allenthalben mit Surrogaten behelfen musse, sei ansprechende Qualität eben nicht zu halten. Das ging allerdings am Kern von Loos' Polemik vorbei.

Der Mehlpapp, in dem der Löffel steckenblieb, mochte zum Teil der Mangelzeit geschuldet gewesen sein, in der es vordringlich um Sättigung ging. Loos hatte indessen schon Jahre zuvor, 1921, gegen die Wiener Unart gewettert, Gemüse zu Brei zu verkochen und diesen mit Einbrenn[a] zu einer kleisterartigen Pampe zu »strecken«.[34] Diese Unart war noch am Ende des Jahrhunderts Thema, eines *der* Themen sogar. Die Hauptgrundsätze der »Neuen Wiener Küche« lauten in einer vom Wiener Gastrokritiker Hans Bernert 1984 herausgegebenen Rezeptsammlung auf drei Punkte komprimiert: »1. Die *NWK* ist *anspruchsvoll*[b]. Sie versucht neue Kombinationen und verwendet nur die besten Produkte auf dem Höhepunkt ihrer saisonalen Schmackhaftigkeit. Sie ist keine Kopie der ›Nouvelle Cuisine‹. 2. Die *NWK*

a *Einbrenn*] Mehlschwitze.
b Hervorhebungen (Kursivierungen) im Original.

verwendet nur *frische Produkte,* nicht zu Tode gegart, nicht durch Überwürzen ihres natürlichen Geschmacks beraubt. Konserven jeder Art sind verpönt. 3. Die *NWK* ist *leicht.* Auf dicke Saucen, Einbrennen, schwere Fette und Mehl als Bindemittel wird verzichtet. Gebunden wird mit frischem Obers, Crème fraîche, Eiern, frischer Butter oder Gemüsesäften.«[35]

Und erst die berüchtigte Manie, alles, aber auch wirklich alles – mit Vorliebe jegliches Gemüse – zu panieren oder durch Backteig zu ziehen und schwimmend in Schmalz herauszubacken! Da macht der Wiener ja vor sich selbst nicht halt: Wenn er sich in Schale wirft, trägt er, umgangssprachlich, seine »Anserpanier« (Einserpanier).

Und wer ertrüge auf Dauer die klassische wienerische kulinarische Taktung des Tages, er sei denn Möbelpacker oder Bierkutscher? Die sah folgende Mahlzeiten vor: Frühstück, Gabelfrühstück – eine kleine warme spätvormittägliche Zwischenmahlzeit: ein kleines Gulasch, ein Beuschel, Würstel mit Saft etwa –, mindestens dreigängiges Mittagessen (Rindsuppe mit Einlage, Rindfleisch mit eingebranntem Gemüse, Mehlspeise), Jause, warmes Nachtmahl.

Durchaus »modern« – Stichwort »Neuer Regionalismus« – geriet die Verteidigung des Repertoires der Wiener Küche: Bouillabaisse, Austern und Seefisch hätten im Küstenland Frankreich durchaus ihren Platz auf der Speisekarte, im Binnenland Österreich hingegen könne man diese Produkte – Argument Frische – nie in dieser Qualität auf den Tisch bringen.[36] Und durch die Bank pochte man auf die über Jahrhunderte gewachsene Eigenart der bodenständigen Küche, die keineswegs aus dem 18. Jahrhundert datiere, sondern gerade in den zurückliegenden zweihundert Jahren zu dem geworden sei, was sie bis zum Ausbruch des Kriegs gewesen sei: ein Produkt der regionalen Küchen der alten Monarchie. »Die böhmischen Köchinnen, an denen es Wien nie gefehlt hat, haben die Kunst der Mehlspeisbehandlung nach Wien gebracht, aus Galizien kamen polnische Saucen, aus Ungarn das Gulasch, aus Kroatien das Reisfleisch, alle Länder der Habsburger haben zur Wiener Küche ihren Beitrag geleistet«, doziert der Musikkritiker des »Tags«, Max Graf, und verweist auf deren Rang im nationalen Selbstverständnis: »Im Lager der Wiener Köchinnen war Österreich.«[37]

Der Verband der Köche Österreichs – die darauf pochten, »vornehmlich französische Schule genossen«[38] zu haben – erlaubte sich auch, den »Herrn Architekten Loos« darauf hinzuweisen, dass man den Vorwurf, die Wiener Küche sei im Vergleich zur französischen Küche schwer und fett, zurückweisen müsse: Der französischen Küche alle Ehre, aber sie sei auch »kolossal kräftig«[39]. Und die Verwendung von zu viel Speisesoda sei eher dem nachlässigen Kauen als der Wiener Küche als solcher zuzuschreiben. Im Übrigen überließ man es »der Öffentlichkeit zu beurteilen, wer geschmackvoller ißt: der Franzose, der zu seinem Sechs-Gänge-Menu einen einzigen Teller serviert bekommt, den er mit einem Stück Brot auswischt, oder der Wiener, der als dritten Gang eine warme Mehlspeise zu sich nimmt und lieber auf das viele Brot verzichtet«. Überhaupt würde sich »der wirkliche Franzose schön bedanken, wenn er seinen Teller wirklich für jeden Gang mit Brot reinigen müßte«.[40]

Den Vorwurf, die Wiener Küche sei derb, »bäurisch«, musste man auf sich sitzen lassen, man ließ ihn sich (gern) gefallen. Diese metropolitane Fusionsküche, die diverse regionale Speisen der ethnisch vielfältigen Habsburgermonarchie amalgamierte, ist ja tatsächlich keine Hochküche, sondern eine bürgerliche, eine Mittelstandsküche, der Spompanadeln[a] wesensfremd sind. Sie ist näher beim Grammelknödel[b] angesiedelt als beim Hechtnockerl, näher beim Gulasch als bei der Gänsestopfleber. In Rindfleisch und Mehlspeis mag man mit einigem Recht einen »bäurischen Einschlag« sehen, gestand Max Graf zu – um postwendend ein Loblied auf diesen Kernbestand der Wiener Küche anzustimmen: »Der Rindfleischkultus Wiens spricht allein schon für die Originalität der Wiener Küche. Wo in aller Welt finden sich noch Gourmands, die in einem saftigen Stück Rindfleisch den Inbegriff der Seligkeit sehen würden und die Individualität eines Beinfleisches[c] oder Tafelspitzes als wahre Kunstkenner würdigen könnten? Wo anders verklären sich die Gesichter angesichts eines Gustostückels[d]?«[41]

Die hohe Schule der Wiener Rindfleischküche weiß resp. wusste jedes einzelne Teilstück in seinen jeweiligen Geschmacks- und Textureigenheiten zu würdigen (anekdotisch illustriert von Joseph Wechsberg, S. 136, Fußnote b): Tristel, Kamm, Stich, Fettes und Mageres Meisel, Kavalierspitz, Wadschunken, Bratzel, Zapfen, Rose, G'schnattes, Schwanzel, Hüferschwanzel, Hüferscherzel, Ortsschwanzel, Beiried, Palisade, Zwerchried, Dünnes, Mittleres und Dickes Kügerl, Fledermaus, Dicker Spitz, Schwarzes und Weißes Scherzel, Kruspelspitz, Rieddeckel, Zwerchspitz usw., usf.

---

a *Spompanadeln*] Chichi.
b *Grammeln*] Grieben.
c *Beinfleisch*] Gekochtes Rindfleisch von der Rippe (Quer-, Zwerchrippe), das so tranchiert und serviert wird, dass die Rindfleischportionen mit je einem Stück Bein auf den Tisch kommen.
d *Gustostückel*] allgemein Leckerbissen, hier Rindfleisch bester Qualität.

Unumstößlich die Dreieinigkeit von Suppe (plus Einlage), Rindfleisch und Mehlspeis mit ihrer Fleisch- und Kohlenhydratlastigkeit. Die Suppeneinlagen – die autochthone Spielart dessen, was in anderen Küchen als Vorspeise firmiert –, diese malerisch aufeinander abgestimmten Miniaturtörtchen und -biskuits – die hellen Einlagen in der braunen klaren Suppe, die dunklen Einlagen in der hellen klaren Suppe –, all diese Schöberl, Nockerl, Strudel, Krapfen, Pofesen, Knöderl sind ja nichts anderes als Mehlspeisen.

Und punkto Mehlspeis hätte Graf sich auf Habs' und Rosners ansonsten nicht ganz ironiefreies, hier aber plan zu lesendes »Appetit-Lexikon« berufen können: »Mehlspeisen sind die Pointen der Wiener Küche, eine immer überraschender, bestechender, blendender und beifallswürdiger als die andern, Compositionen von berückender Fülle und Lieblichkeit, gastronomische Ghaselen von so wunderbar verschlungenem Bau, daß der Laie staunend vor ihnen innehält [...]. Was Grillparzer in seinen Dramen, Strauß in seinen Walzern, Makart in seinen Gemälden der Welt nur vorgaukeln: tiefes Gefühl, helle Lust am lieben Leben und herzinniges Behagen am ewig Schönen – das Alles und noch etwas mehr legt die echte Wiener Mehlspeis-Köchin in eine einzige Schüssel *Dalkerln,* in einen *Äpfelstrudel,* in eine Schüssel *Zwetschken-Knödel, Topfen-Tascherl* oder auch in einen einfachen *Kaiser-Schmarren.*«[42]

»Völkerpsychologisch« mit den »geistigen Anlagen der Bevölkerung« argumentierend (»da der Franzose beweglicher, lebhafter ist als der gemütliche, bequeme Wiener«), sprach Max Graf der französischen Küche »neidlos die größere Feinheit und Differenziertheit« zu – die Österreicher waren eben »seit jeher fröhliche Esser«.[43] Mit der Mentalität argumentierte auch Alfred Polgar, der durchaus fand, dass Loos in der Lästerung der Wiener Küche ins Ziel schoss, wenn auch darüber hinaus, und meinte, Loos doch in einer Hinsicht korrigieren zu müssen: Wenn der nämlich »behauptet, die Zwetschkenknödel seien schuld an dem schweren, ein wenig teigigen Geist des wienerischen Menschen, so kann man nur sagen: Hier irrt Loos. Gerade das Umgekehrte gilt. Es ist der Geist, der sich die Zwetschkenknödel (und durch sie den Körper) baut.«[44]

Und dieser Geist war wehrhaft. Denn kein noch so fetttriefendes Backhendl, kein noch so üppig paniertes und mit Schmalz vollgesogenes Schnitzel konnte dem Körper, den er sich baute, so im Magen liegen wie die Untergriffe des – ergänze: sauberen – »Herrn Loos«. Ein Anonymus stieß dem »Zugereisten«, der »eine Pariser Hammelkeule« gegen des Wieners heiß geliebte Schmankerl[a] geschwungen hatte, im »Illustrierten Wiener Extrablatt« lokalgastronomisch-doppeldeutig und unverhohlen drohend Bescheid: »Es gibt auch arme Ritter[b] und manche Windbeutel[c]. Und wenn den Spitzbuben[d] im Sack, die ihr Züngerl nicht hüten, der Rindskamm[e] schwillt und sie ihre Bärentatzen[f] in Wespennester[g] stecken, so gibt es vielleicht bei einem Auflauf nach einigen Rippenstücken[h] ein Kracherl[i], wenn man nicht rechtzeitig für einige Gespritzte[j]« zur Abkühlung der erhitzten Gemüter sorge.[45]

Für Karl Kraus war die Affäre ein gefundenes Fressen. Er trug das »Strudel-Couplet« seiner Bearbeitung der Offenbach-Operette »Pariser Leben« im März 1927 mit folgender »Zeitstrophe« vor:

Damals, ich weiß, die Wiener hatten
Mit ihrer Stadt ein rechtes G'frett[k],
Zu wenig Fremde, zu viel Ratten,
Jedoch nicht jene vom Ballett.
In Kellern hausten sie im Rudel
Und fanden dort ihr fettes Brot.
Da gab man Gift in einen Strudel
Und hofft' auf raschen Rattentod.
Doch fiel es nicht sehr vielen Ratten ein,
Doch fiel es nicht sehr vielen Ratten ein,
Doch fiel es nicht sehr vielen Ratten ein,
Zu stürzen in den Strudel hinein.

---

a *Schmankerl*] Leckerbissen.
b *Arme Ritter*] Verlorenes Brot, Goldschnitte, Pofesen.
c *Windbeutel*] Brandteiggebäck, mit Schlagsahne / Obers oder Vanillecreme gefüllt und mit Staub- / Puderzucker bestreut oder mit Zuckerguss überzogen.
d *Spitzbuben*] Mürbteigplätzchen, mit Konfitüre gefüllt, mit Staub- / Puderzucker bestreut.
e *Rindskamm*] fettdurchwachsenes kräftiges und besonders saftiges Stück Rindfleisch aus dem »Spitz«.
f *Bärentatzen*] kleines Backwerk, Grillage aus geriebenen Mandeln, Staub- / Puderzucker und Butter in der Form von Bärentatzen, mit steifgeschlagenem/r Obers / Sahne gefüllt.
g *Wespennester*] Hefeteiggebäck mit Zitronat oder Orangeat, gestiftelten Mandeln oder grob gehackten Nüssen und Zimt.
h *Rippenstück*] Beiried, Roastbeef.
i *Kracherl*] Limonade.
j *Gespritzter*] Schorle.
k *G'frett*] Ärger.

Doch fiel es nicht sehr vielen Ratten ein,
Doch fiel es nicht sehr vielen Ratten ein,
Doch fiel es nicht sehr vielen vielen Ratten ein,
Zu stürzen in den Strudel hinein!

Wie seinen Kern hat jeder Pudel,
So steckt halt auch in uns was drin.
In Knödel, Nudeln, Apfelstrudel
Setzt seinen Stolz der Mensch in Wien.
Und alle schrieen laut und schrieben,
Und die Panik war riesengroß:
Das Letzte, was uns noch geblieben,
Wird uns geraubt – der Löw' ist Loos!
Und alles stürzt sich in den Strudel hinein,
Und alles stürzt sich in den Strudel hinein,
Und alles stürzt sich in den Strudel hinein,
Los von Loos soll unsre Losung sein!

Und alles stürzt sich in den Strudel hinein,
Und alles stürzt sich in den Strudel hinein,
Und alles stürzt sich in den Apfelstrudel hinein,
Los von Loos soll unsre Losung sein![46]

und kommentierte in der »Fackel«: »Die vierte Strophe des Strudel-Couplets bezieht sich auf die Erregung der Wiener Hausfrauenseele, die zu kochen begann, als Adolf Loos, frisch aus dem Pariser Leben kommend, es wagte, die Wiener Geistesart auf das weltberühmte Papperl zurückzuführen, nämlich auf die Kunst, aus allem, was die Natur hervorgebracht hat, eine Mehlspeis zu machen. Ein wahres Kochkesseltreiben wurde entfesselt und es gelang sogar, einen in Wien anwesenden Pariser Chefkoch für das zungenbrecherische Unternehmen zu gewinnen, zum Ruhm der Wiener Küche sämtliche Tatschkerln[a], die sie hat und deren Namen nicht einmal dem Wiener Gourmet geläufig sind, der Reihe nach aufzusagen […].«[47]

a *Tatschkerln*] Mit Marmelade oder Topfen / Quark gefüllte Taschen aus Erdäpfel- / Kartoffelteig, die in in Butter gerösteten Semmelbröseln / Paniermehl gewälzt serviert werden.

Die dritte Strophe des »Strudel-Couplets« spielte auf die »Rattenkampftage« an, für die die Gemeinde Wien gerade rüstete. Wobei den »p. t. Ratten« nicht wie bei der ersten und nicht sonderlich erfolgreichen Kampagne Phosphorköder, sondern – Knödel aufgetischt wurden. Eineinhalb Millionen Stück wartete die kommunale Verwaltung auf, hergestellt nach folgender Rezeptur: Meerzwiebelmus wurde mit Semmelbröseln[a], einem Extrakt dieser Liliazeen sowie Mehl zu einem festen Teig vermengt, aus dem Knödelchen zu je sieben Gramm geformt wurden. In der Pfanne in Fett knusprig gebraten, wurden je 20 Stück in Blechdosen verpackt und mit einer Heringsauce übergossen – um dann am 3. und 4. März 1927 serviert zu werden.[48] Der Genuss der liebevoll zubereiteten Knödel führte zu Herzlähmung – ob nun wegen der für den Menschen ungefährlichen Meerzwiebel oder wegen der üppig zugesetzten Semmelbrösel, die heute noch neun von zehn Wiener Apfelstrudeln ungenießbar machen, sei dahingestellt.

Die Fachpresse machte weiter kein Aufhebens um Loos' vernichtendes Urteil, man war mit Interna vollauf beschäftigt: In der März-Nummer der »Monatsschrift für internationale und Wiener Küche« »Gastronom«, dem Publikationsorgan des Verbandes der Köche Österreichs, feierte man sich selbst und schwang ausgiebig den Weihrauchkessel über die »Wunderdinge«, die die Korporation wieder einmal beim Kochball 1927 vollbracht hatte.[49] Und die Abteilung Mehlspeis war mit familiären Scharmützeln beschäftigt. »Der Konditor«, das »Zentralorgan Österreichs für die Zuckerbäckerei, Lebzelterei[b], Kanditenerzeugung[c], Schokolade-, Tragant-[d] und Zuckerwarenfabrikation sowie deren verwandten Gewerbe«, lag im Clinch mit der »Bäckerzeitung«, gebot es doch die Standesehre, »mit schärfsten Mitteln« gegen das »Hineinpfuschen in die Erzeugungsrechte«[50] der Zuckerbäcker vorzugehen: Die Bäcker hatten sich das Recht angemaßt, Krapfen zu backen, was von der Gewerbeordnung her ausschließlich den Konditoren vorbehalten war.

Die Wiener Hausfrauen aber waren nicht gesonnen, den Schimpf auf ihrer Küche sitzen zu lassen. Im Rahmen der Ausstellung »Die Frau von heute« (Alser Straße 23) hielt Fanny Freund-Marcus, langjährige Präsidentin der

a *Semmelbrösel*] Paniermehl.
b *Lebzelten*] Lebkuchen, Honigkuchen, Pfefferkuchen.
c *Kanditen*] allgemein: Zuckerwaren, Süßigkeiten; speziell: kandierte (mit einer Zuckerlösung überzogene und damit haltbar gemachte) Früchte.
d *Tragant*] An der Luft aushärtender Saft von Astragalusgewächsen. Quillt, mit Wasser versetzt, zu einer geschmackfreien Gallerte auf. Fand in der Süßwaren-Industrie, in Konditorei und Bäckerei und als Eisbindemittel vielseitig Anwendung.

mitgliederstarken »Reichsorganisation der Hausfrauen Österreichs« (Rohö), am 2. März 1927 ab 17 Uhr bei freiem Eintritt einen »Oppositionsvortrag«[51]: »Die verlästerte Wiener Küche. Randbemerkungen zum Vortrag Adolf Loos«. »[D]ie Hausfrauen stürmten den Saal; kein Plätzchen blieb leer, und erregte Zurufe aus dem Publikum bewiesen, daß die Wiener Hausfrauen ehrlich und gewiß nicht ungerecht empört sind. Die Hausfrauen dankten der Vortragenden durch stürmischen Beifall. Es war gleichzeitig ein scharfer Protest gegen den Feind der Wiener Küche, Adolf Loos, der während dieser Kundgebung wahrscheinlich zwar nicht Sodbrennen, aber – Schnackerl[a] hatte.«[52]

Marianne Stern, angesehene Kochbuchautorin und Kulinarik-Sachverständige, sprach am 24. März 1927 ab 19 Uhr im Festsaal des Ingenieur- und Architektenvereins (Wien I., Eschenbachgasse 9) über »Die moderne Küche im Dienste der Körperkultur *(Antwort an Herrn Architekten Adolf Loos)*« (im Anschluss Hanne Wassermann über »Tägliche Gymnastik im Dienste der Körperkultur« – mit Vorführung der Übungen). Sie brach eine Lanze für die Wiener Küche: »Jedes Land hat die Küche, die es braucht, die seinen klimatischen Verhältnissen entspricht«, wurde sie in der »Stunde« zitiert. »Ein Volk kann wohl seine Regierung ändern, seine Küche soll es beibehalten. Nur allmähliche Abänderungen und Wandlungen sind gestattet.«[53] Stern warnte davor, beim »Abmagern durch geringe Nahrungsaufnahme« allzu viel Ehrgeiz zu entwickeln. Das sei gesundheitlich nicht unbedenklich, und, so die Vortragende, »auch der Geschmack des Mannes findet an der ›mollerten‹ Frau mehr Gefallen«. Wiens Frauen hatten Mitte der 1920er Jahre den Trend zum gertenschlanken »Sportgirl« – das Schnitzler'sche »süße Wiener Mädel« ist bekanntlich mollig – ohnehin verschlafen. Dahinter steckte eine Verschwörung: »In Wien hat's natürlich wie überall in den letzten Jahren riesige Umwälzungen gegeben. Die ärgsten Erschütterungen hat die Mode der schlanken Frau mit sich gebracht, weil sie in ein sehr wienerisches Gleichgewicht eingreift, nämlich in die uralte Wechselbeziehung zwischen der Freude am Mehlspeis'-Genuß und der daraus resultierenden weiblichen Üppigkeit. Üppig soll man nicht sein, aber von den Mehlspeisen kann man nicht lassen – das ist natürlich ein ergreifender Konflikt. Es ist behauptet worden, der tschechische Außenminister Benesch habe die in Wien tätigen böhmischen Mehlspeis'-Köchinnen mit neuen, besonders verführerischen Rezepten versehen lassen, um den Konflikt zu steigern und Wien vollkommen zugrunde zu richten.«[54]

---

a *Schnackerl*] Schluckauf, Aufstoßen.

Ganz ähnlich wie in der »Stunde« war der Tenor im Bericht des »Neuen Wiener Journals«: Loos' »Verlangen, die Wiener Küche möge sich den Bräuchen der westlichen Länder anpassen, sei fehl am Platze, denn die Küche ist ein Exponent der Kultur eines Volkes, und ebensowenig, wie man Kulturen willkürlich in fremde Länder verpflanzen kann, kann man willkürlich die Küche fremder Länder bei uns heimisch machen.«[55] Pointierter hatte das schon Franz Schweiger, der Direktor des Internationalen Genfer Verbandes, formuliert: »Es geht eben leichter, die Kleider eines Poiret und französische Seidenstrümpfe einzuführen, als unsere guten Wiener Speisen, vom Backhendl bis zum Apfelstrudel, zu verdrängen, von denen leider Gottes ohnehin nicht alle genug zum Essen haben. Hier wird auch der liebenswürdige Schimpfer und begeisterte Anhänger der französischen Küche, Herr Loos, nichts ändern können.«[56]

Ein Nachhall auf den kulinarischen Bannfluch Loos' fand sich hingegen Anfang März. Das Konterfei einer wohlgenährten Frau, das die neu ausgegebene Zehn-Schilling-Banknote zierte, inspirierte die Satire-Zeitschrift »Der Götz von Berlichingen« zu dem G'satzerl: »Die neueste Zehnschilling-Dame / Ist eine treffliche Reklame: / Nur *Wiener* Küche macht so mollert, / Wenn ihr der liebe Loos auch flucht und grollert!«[57] Der »Tag« beschrieb das Antlitz der Dame als »etwas mehlspeiserisch verfettet – wie Adolf Loos sagen würde«.[58] In diesem Punkt, *nur* in diesem Punkt hatte Marianne Stern Loos »uneingeschränkt recht [gegeben]: Wir essen zu viel und wir essen unrationell! Was wir essen, macht uns dick, träg, arbeitsunfähig, und doch bleibt der Körper eigentlich schwach.«[59] Die »mehlspeiserisch verfettete Dame« auf der 1927er 10-Schilling-Banknote wurde 1933 auf Linie gebracht – auf die schlanke Linie.

Nachwehen hatte die Causa für den »Mehlspeishäretiker«[60] eineinhalb Jahre nach seinem Bannfluch. So sah es zumindest Anton Kuh. »In Wien bekommen sonst die chronisch Unsympathischen mit der Zeit eine Popularität. Es ist die Stadt der beliebten Oppositionsmacher, der umwedelten Frondeure.« Loos habe man aber offenbar seine »Dolchstöße gegen den Geist der Mehlspeise« nicht verziehen. Der taube Sechzigjährige sei übereilt verhaftet worden, geradezu auftrumpfend prompt sei kurz nach der ersten Einvernahme ein erstes Polizeicommuniqué dagewesen. Solche Fälle hätten die Behörden – bis zum Erweis der Schuld – sonst immer diskret behandelt.[61] Wie auch immer: Am 4. September 1928 wurde Adolf Loos unter der Beschuldigung verhaftet, zwischen 28.8. und 3.9.1928 die neunjährige Marie F., die achtjährige Erika P. und die zehnjährige Ida F. sexuell missbraucht zu haben. Bei der am 30.11. und 1.12.1928 stattfindenden Gerichtsverhandlung wurde Loos zwar von der Anklage sexuellen Missbrauchs freigesprochen, er wurde allerdings wegen »Verführung zur Unzucht« zu vier Monaten strengen Arrests bedingt verurteilt, weil er die ihm zur Aufsicht anvertrauten Mädchen dazu verleitet hat, »als Modelle obszöne Stellungen einzunehmen und sich in diesen zeichnen zu lassen«. Und war mit diesem Urteil äußerst glimpflich davongekommen.[62]

Dass Loos die Bastion der Wiener Küche sturmreif geschossen hätte, ließe sich nicht eben behaupten. »Mehlspeisg'frißens« Lebensführung jedenfalls war nicht in den Grundfesten erschüttert. Er ließ Adolf Loos einen guten Mann sein und ging, wie er süffisant anmerkte, unmittelbar nach dem Vortrag in sein Stammbeisl, um sich an folgendem Menü gütlich zu tun: »Rindsuppe mit Nudeln, Bauernschmaus (dazu noch eine Extraportion Semmelknödel), zweimal Apfelstrudel und vier Krügel Bier.«[63] Und die Sonntagsbeilage des »Illustrierten Wiener Extrablatts«, das »Frauen-Extrablatt«, gab ungerührt weiterhin Rezeptempfehlungen, die Loos den Angstschweiß auf die Stirn getrieben haben müssen.

In Wallung geriet das goldene Wiener Herz noch einmal kurz, als Loos in einem Berliner Vortrag Ende Juni 1927 von den Verheerungen berichtete, die seine Philippika in Wien angerichtet habe, und er sich gar zur Behauptung verstieg, es gebe in der Donaumetropole »zur Hebung des Fremdenverkehrs ein Marillenknödelderby«, das den Wiener mehr interessiere als das Freudenauer Galopperderby. »Miesmacherei«, »Anti-Wien-Propaganda« wurde ihm vorgeworfen, Vorhaltungen, die nicht leichthin vom Tisch zu wischen waren, setzte der wirtschaftlich völlig darniederliegende Reststaat Österreich doch alles daran, den Fremdenverkehr als Devisenbringer anzukurbeln, und warf dabei die Wiener Küche und deren »Weltruf« als Atout in die Waagschale. Laut dem mit »J. E.« gezeichneten Artikel im »Berliner Tageblatt« schloss Loos mit den Worten: »Was ist für den Wiener ein Gedicht? Eine Mehlspeis. Was ist für den Wiener eine Mehlspeis? Ein Gedicht.«[64] Ein über diese Vernaderung[a] erboster Wiener Berichterstatter schob dem »Nestdekorateur« hinterher: »Und was ist den Wienern die Meinung des Herrn Loos? Wurst! ... (Um bei der Küche zu bleiben.)«[65]

a *Vernaderung*] Verrat, Anschwärzung.

Adolf Loos (10.12.1870 Brünn/Brno–23.8.1933 Kalksburg bei Wien). Staatsgewerbeschule in Reichenberg und Brünn, 1889 Reifeprüfung. 1892–1893 Studium an der Sächsischen Technischen Hochschule in Dresden. 1893–1896 unter prekären Lebensumständen in den USA (Philadelphia, Chicago, New York). Auf der Rückreise längerer Aufenthalt in London. 1898 erste Kritiken (u. a. »Neue freie Presse«), lebenslanges Thema: die Vermischung von Handwerk und Kunst (wie sie u. a. die »Wiener Werkstätte« betrieb), die Loos vehement ablehnte (vgl. seinen Essay »Ornament und Verbrechen«). 1899 (schmucklose) Gestaltung des Café Museum, ob der nüchternen Anmutung als »Café Nihilismus« bezeichnet. 1900–1910 Gestaltung zahlreicher Geschäftslokale (u. a. Herrenausstatter Knize und Kärntner Bar) und Wohnungsinterieurs, ab 1910 auch von Privathäusern. 1910–1911 Errichtung des Geschäftshauses Goldman & Salatsch. 1912 Gründung der »Bauschule Adolf Loos«. 1920–1923 für das Siedlungsamt der Stadt Wien tätig, ab 1923 Leiter. 1924 Übersiedlung nach Frankreich. 1928 Rückkehr nach Wien. In den letzten Lebensjahren gesundheitlich schwer angeschlagen.

LADISLAV P. PROCHÁZKA:

Die böhmische Küche ruiniert Ihre Gesundheit!

Ausgerechnet der ehemalige Gesundheitsminister der jungen Tschechoslowakischen Republik klärte seine Landsleute darüber auf, dass die Nationalkost ihre Gesundheit ruinierte. Mit aktuellen Statistiken an der Hand – und die lügen ja bekanntlich (oder vermeintlich) nicht – und damit unwiderleglich. Jedenfalls so trocken, sachlich und nüchtern, dass der Ton der Debatte, die er anstieß, denkbar unaufgeregt blieb.

Fünf Wochen hindurch veröffentlichte die angesehene, von Ferdinand Peroutka redigierte Prager Wochenschrift »Přítomnost« (Gegenwart) Zuschriften, die sich mit den Feststellungen auseinandersetzten, die Dr. Ladislav P. Procházka, Arzt mit Schwerpunkt Sozialmedizin und langjähriger Chefhygieniker der Stadt Prag, unter dem Titel »O české kuchyni« (Über die böhmische Küche) in der Ausgabe vom 16. Oktober 1924 getroffen hatte. Fünf Wochen hindurch »Diskurs«, an dem sich, nach Stil und Gestus der veröffentlichten Leserbriefe zu schließen, Personen »quer durch« beteiligten. Ein munterer Schlagabtausch ohne schrille Begleitmusik: »Právo lidu« (Volksrecht) referierte eine Woche nach dessen Erscheinen Procházkas Text,[1] das »Prager Tagblatt«, das seine Leserschaft mit der Übersetzung einzelner Debattenbeiträge auf dem Laufenden hielt,[2] hatte das bereits tags darauf getan.[3] Ein lebhaftes Gespräch, dessen Teilnehmer nicht nur auf den »Impulsreferenten« Procházka eingingen, sondern immer wieder auch auf Vorrednerinnen und Vorredner und das deswegen nicht durch einen lästigen Moderator gestört werden soll.

Zunächst das »Impulsreferat«:[a]

---

a Übersetzungen aus dem Tschechischen: Ladislava Baxant-Cejnar (bis auf den Leserbrief Karel Čapeks [der erscheint hier in der zeitgenössischen Übersetzung aus dem »Prager Tagblatt«] sowie einzelne Passagen, die ebenfalls in zeitgenössischen Übersetzungen wiedergegeben werden [worauf jeweils verwiesen wird]).

Über die böhmische Küche

In der ersten Hälfte des 19. Jahrhunderts wandte sich der Franzose Le Play der Ernährungsanalyse von Arbeiterfamilien zu. Seitdem wurden breit angelegte Studien dieser Art in Belgien, den Vereinigten Staaten, der Schweiz, England, Dänemark und Deutschland durchgeführt. Die amerikanische Arbeit war mit 34.000 betrachteten Familien und 168.000 Köpfen die umfassendste.

Die unseren Verhältnissen am nächsten stehende deutsche Analyse stammt vom Beginn des Jahrhunderts und wurde gleichzeitig vom Kaiserlichen Statistischen Amt und dem Deutschen Metallarbeiter-Verband nach demselben Prinzip ausgeführt; die Ergebnisse weisen nur geringe Unterschiede auf. Es wurde damals festgestellt, dass ein Arbeiter sein Einkommen wie folgt ausgibt:

Nahrungsmittel	52,0 %
Bekleidung	11,2 %
Wohnen	17,0 %
Heizen und Licht	4,3 %
Diverses	15,5 %
	100,0 %

Es wurde auch genau untersucht, wieviel Prozent der Nahrungsmittelausgaben auf Brot, Milch, Kartoffeln, Fleisch etc. entfallen.

Ähnliche Zahlen wurden aus analogen Analysen für Beamtenfamilien ermittelt.

Laut einer russischen Statistik aus dem Jahre 1898 wird pro Kopf und Jahr folgende Menge Fleisch konsumiert (in Pfund):

Vereinigte Staaten	147
England	117
Frankreich	77
Deutschland	64
Österreich-Ungarn	60
Russland	50
Italien	27

Die Ernährungswissenschaft wurde nur auf physiologischer Ebene wissenschaftlich begründet, und das nur aus der Sicht der reinen Wissenschaft, ohne die Bedürfnisse des praktischen Lebens groß zu berücksichtigen. Es mangelt ja an verlässlichen Angaben über den Bedarf an den Grundbausteinen der Lebensmittel – Eiweiß, Kohlenhydrate und Fette –, die das Gleichgewicht im menschlichen

Organismus aufrechterhalten. Es mangelt uns auch an der wissenschaftlichen Basis für die Beurteilung der erforderlichen Quantität und Qualität der Lebensmittel, und die Lebensmittelhygiene hat bisher keine wissenschaftlichen Untersuchungen über die Zubereitung der Lebensmittel angestellt.

Dieser Zweig der Hygienewissenschaft[a], der bei uns buchstäblich in den Kinderschuhen steckt, hat eine große Bedeutung für das Gesundheitswesen und nicht minder für die Volkswirtschaft, denn die Art der Volksernährung und nicht die quantitative Produktion von Lebensmitteln ist ein Maßstab für die Eigenversorgung des Landes und wirkt im großen Maße auf die körperliche, ja auch auf die geistige Entwicklung der Bevölkerung und insbesondere auf die Entwicklung des nationalen Charakters und Temperaments ein. Diesen Zweig der Hygienewissenschaft möchte ich Studium der Volksernährung nennen.

Das Studium der Volksernährung wird nie zu universell anwendbaren Ergebnissen führen. Die Ernährung ist derart vielfältig, derart an das örtliche Klima, die Art der Beschäftigung, die verbreitete Kultur und schließlich die örtlichen Bräuche und nationale Traditionen gebunden, dass es sinnvoll erscheint, jeder Staat und jedes Land untersuchten sie für sich selbst.

Es darf keine rein wissenschaftliche, keine reine Labor-Arbeit werden; die wissenschaftliche Arbeit ist mit sorgfältiger praktischer Beobachtung, penibler Erforschung der Volksernährung in einzelnen Regionen, Siedlungen, Berufs-, Alters-, Einkommengruppen und Familiengewohnheiten zu kombinieren. Es ist eine überaus wichtige Arbeit, und ich hatte mir vorgestellt, sie im staatlichen Gesundheitsinstitut, das gerade jetzt fertiggestellt wird, tun zu können. Unsere Lebensmittelhygiene muss ihre bürokratische Zugeknöpftheit ablegen und den krampfhaft festgehaltenen Rockzipfel des unzureichenden österreichischen Lebensmittelgesetzes und des Codex alimentarius[b], der während des Krieges und danach zu einem Märchenbuch geworden ist, loslassen. Die Lebensmittelaufsicht, wie sie dem Gesetz nach gehandhabt wird, bringt keinen großen Nutzen: Einige ärmlich ausgestattete Institute und das brüchige Gesetz voller Rücksichten auf die Lebensmittelfälscher vermögen eher die Interessen der Handelskon-

a *Hygiene, Hygienewissenschaft*] Gesundheitslehre, Gesundheitspflege im umfassenden Sinn; Gesamtheit aller Bestrebungen und Maßnahmen zur Verhütung von Krankheiten und Gesundheitsschäden.

b *Codex alimentarius austriacus*] Österreichisches Lebensmittelbuch. »Dient zur Verlautbarung von Sachbezeichnungen, Begriffsbestimmungen, Untersuchungsmethoden und Beurteilungsgrundsätzen sowie von Richtlinien für das Inverkehrbringen von Waren (§ 76 Lebensmittelsicherheits- und Verbraucherschutzgesetz).«

kurrenten zu wahren, als einen Schutz vor gesundheitsschädigender Lebensmittelfälschung zu gewährleisten. Dafür kümmert es niemanden, was die Menschen in den Bergen essen, wo nichts außer Kartoffeln, Kraut und armseliger Hafer gedeihen. In der Nähe eines solchen Dorfes in der Slowakei, wo die Menschen seit Jahrhunderten von Kartoffeln, Kraut und Milch leben, wurde eine Genossenschaftsmolkerei errichtet – und ruck, zuck verkaufte man alle Milch, die zuvor in den Haushalten getrunken worden war, an die Molkerei, und ruck, zuck starben 80 Kinder von 100 an Mangelernährung und Darmkatarrh. Ich bin fest davon überzeugt, dass ein gut und praktisch organisiertes Studium der Volksernährung, das auf zielbewusstes Einwirken auf eine Reform der Volkernährung dort, wo sie schlecht ist, ausgerichtet wäre, eine enorme Bedeutung für die Volksgesundheit hätte.

*

Nachdem weder ein solches Studium noch seine Ergebnisse vorliegen, kann man uns nachsehen, wenn wir eine kleine, lediglich empirisch basierte Studie zur Volksernährung sowie eine zaghafte Beurteilung dessen, was »böhmische Küche« genannt wird, wagen. Es ist ein für die Zusammensetzung der Nahrung recht vielschichtiger und schwer definierbarer Begriff. Im Schnitt, sprich in der bei uns zahlenmäßig am stärksten vertretenen Mittelschicht, mag es etwa Folgendes umfassen:

Aufteilung der Tagesmenge auf viele – vier bis fünf – Mahlzeiten am Tag. Der Schwerpunkt liegt auf dem Mittagessen, das aus mehreren Gerichten besteht; zu Mittag wird bei uns auch die größte Menge am Tag verzehrt. Das Abendessen steht an zweiter Stelle und besteht in der Regel aus einer Speise. Die restlichen, weniger bedeutenden Mahlzeiten – Frühstück, die Jause am Vormittag und die Jause am Nachmittag – werden eilig eingenommen und bestehen aus wenigen, leichten Lebensmitteln.

In der Wahl der Lebensmittel wird die böhmische Küche von einer typischen, in anderen Küchen kaum bekannten Eigenheit geprägt: Mehlspeisen nicht nur als Zuspeise oder Dessert, sondern als Hauptgericht, dem häufig derselbe Stellenwert wie dem Fleisch beigemessen wird; es gibt eine schier unendliche Vielfalt an mehligen Speisen, süß und salzig, die nicht nur gebacken, sondern auch gekocht werden. Der böhmische Magen – in der Tat ein Unikum – ist an den Verzehr großer Mengen diverser Mehlspeisen gewöhnt. Demgegenüber ist die Zubereitung von Fleisch wenig einfallsreich, im Vergleich zur französischen Küche direkt arm. Eine Spezialität bildet die Vorliebe für gekochtes Rindfleisch, wobei die Vielfalt durch unterschiedliche Saucen in Kombination mit mehligen Zuspeisen erreicht wird. Gemüse spielt in der traditionellen Küche eine untergeordnete Rolle und wird wenig verwendet; Obst wird nicht als Lebens-, sondern als Genussmittel angesehen und hat unter den traditionellen Zutaten kaum Platz. Zum Frühstück und zur Vormittagsjause gehört in der Regel Kaffee, beziehungsweise eine Röstung mit kleiner Beigabe echten Kaffees mit Milch, und als Zuspeise Brot – Weißbrot, Semmeln verschiedener Form, oder Schwarzbrot, meist aus Roggen- oder Weizenmehl. Einen wichtigen Bestandteil der Jausen und Abendbrote bilden die sehr beliebten Wurstwaren. Das wichtigste Getränk ist leichtes Bier; guter Wein ist selten und teuer und kommt im Alltag kaum auf den Tisch.

Zum Vergleich seien die Hauptmerkmale anderer Küchen angeführt:

Französische Küche: In der Früh ein leichtes Frühstück, allerdings umfangreicher und nährstoffreicher als bei uns; zu Mittag eine leichte, aus mehreren Lebensmitteln bestehende Jause, das Mittagessen findet am Abend statt. Die Hauptzutat bildet Fleisch in zahlreichen Variationen; viele Gänge mit kleinen Portionen, Gemüse ist genauso wie Obst fester Bestandteil der Speisenfolge. Brot, nur weißes, wird als Zuspeise gereicht; Mehlspeisen nur als Dessert in Zuckerbäckererzeugnissen (Patisserie). Die Mahlzeiten weisen einen höheren Nährstoffgehalt auf, sind leichter verdaulich und werden in weitaus kleineren Mengen verspeist als bei uns. Das Hauptgetränk: leichter Wein.

Englische und amerikanische Küche: Gegessen wird dreimal am Tag. In der Früh ein kräftiges Frühstück mit mehreren Gängen, Fleischspeisen, Eiern, Haferbrei, Butter, Weißbrot und anderem. Zu Mittag eine leichte Fleischspeise, die Hauptmahlzeit des Tages, also für uns das Mittagessen, findet am Abend zwischen 6 und 7 Uhr statt. Mehlspeisen nur als Genussmittel (Dessert). Die Zubereitung ist recht eintönig. Gemüse und Obst fester Bestandteil des Speisezettels. Die Lebensmittel sind nährstoffkonzentriert, die Mengen deshalb kleiner als bei uns. Getränke: in England schweres Bier und Wein, in Amerika Fruchtsäfte und Milch.

*

Was die böhmische Küche in diesem Vergleich auszeichnet, ist das Quantum. Wir essen gemischte und wenig konzentrierte Kost; um eine ausreichende Menge Eiweiß und Fett zu verzehren, müssen wir die mehrfache Menge an pflanzlichen Speisen zu uns nehmen, als bei der konzentrierten Fleischkost erforderlich wäre. Zu Mittag und am Abend verlangen wir nach schwerer Sättigung – bis zum vollständigen Angefülltsein, ja bis zur Stummheit und Bewegungsunfähigkeit.

Die Aufteilung auf vier bis fünf Mahlzeiten am Tag ist nicht gleichmäßig; nur zwei Mahlzeiten – zu Mittag und am Abend – sind vollwertig und für die Ernährung von Bedeutung; die anderen zwei bis drei sind oberflächlich und nährstoffarm. Dafür haben wir fast nie ein Hungergefühl, da wir fast alle drei Stunden essen.

Unsere Aufteilung, große Essensmengen und insbesondere der Schwerpunkt auf dem Mittagessen bewirken, dass das Essen viel zuviel Zeit kostet. Das Tagwerk muss für eine mindestens zweistündige Pause zur besten Zeit des Tages unterbrochen werden. Einfacher Parteienverkehr, der eine Verlegung des Mittagessens auf halb drei notwendig macht, kostet die Ämter eigentlich den ganzen Nachmittag, denn zwischen dem Mittag- und Abendessen kann man nicht mehr viel bewerkstelligen.

Die Auswirkungen dieser Einteilung sind aus dem Stegreif, ohne Vertiefung ins Thema und ohne sorgfältige Untersuchungen kaum zu beurteilen. Im Vergleich zum Ausland erkenne ich drei deutliche Unterschiede: In Frankreich, in der Schweiz, in Dänemark und Holland glaube ich viel mehr gut gewachsene, kraftvolle, blühende Kinder als bei uns gesehen zu haben. Kinder aus Schichten, die in den vollen Genuss der böhmischen Küche kommen, bleiben lang schwächer, bleicher und dünner: Ihr Organismus braucht länger, sich an die schwere Kost und die ungleichmäßige Verteilung über den Tag zu gewöhnen; erst ab dem vierzehnten Lebensjahr entwickeln sie sich schneller und holen das Versäumte nach. – Die zweite auffällige Erscheinung ist das unverhältnismäßige Dickwerden nach dem dreißigsten Lebensjahr; im Vergleich mit Franzosen, Engländern und Amerikanern ist der Unterschied frappant und insbesondere bei Frauen augenfällig. Die dritte Auffälligkeit ist die relativ schnelle Abnutzung: Unsere Männer sind ab dem sechzigsten Lebensjahr – und viele lang davor – zu intensiver Arbeit kaum mehr fähig, voller Beschwerden und verlangen nur noch nach Ruhe und Pension; gegenüber Franzosen und Angelsachsen ist das entschieden zu früh, dort sieht man Männer mindestens zehn Jahre länger im vollen Einsatz als bei uns. Eine gesicherte Tatsache ist, dass wir alle relativ schlechte Zähne haben; ein vollständiges und makelloses Gebiss ist eine Seltenheit. Karies tritt schon im Kindes- und Jugendalter auf, und vernünftige Dentisten machen die Ernährung dafür verantwortlich. Ich möchte mich nicht in die häufig vorgebrachte Frage vertiefen, ob Bewegungsunwille, Gedankenschwere, Mangel an Lebenslust, geringe Eignung zu bewegungsintensiven Sportarten und insbesondere der frühe Verlust an Kindlichkeit und Spielfreude, die Engländer und Amerikaner zu ihrem großen Vorteil und meinem tiefen Neid so lange behalten, vielleicht mit der böhmischen Küche und unserem Bier zusammenhängen.

Man soll allerdings nicht generalisieren. Der böhmischen Küche in all ihrer Fülle können nur wohlhabendere Schichten frönen. Schon im Krieg brach das Unheil über uns herein, aber es sei mir gestattet, auszusprechen, was man weiß, aber nicht ausspricht: Viele Menschen und viele Kinder litten damals an Unterernährung, aber zahlreichen Personen hat die Not sehr wohlgetan; viele Ärzte bestätigten zumindest mir gegenüber, dass im Krieg Rheumatismus und Gicht fast verschwunden waren und dass auch vorzeitige Blutgefäßverkalkung und Fettsucht weniger häufig anzutreffen waren. Nach dem Krieg wurde der Besitz neu verteilt, und die böhmische Küche konnte erneut erblühen. Es ist bezeichnend für unseren kleinen Mann, dass sich steigender Wohlstand zuallererst, wenn nicht ausschließlich, im Essen niederschlägt. Bei meinen Beobachtungen zur Wohnungsfrage kam ich unlängst zu dem Schluss, dass die Arbeiterschaft in alten Wohnungen nicht 17 % ihres Lohnes wie in Deutschland fürs Wohnen ausgibt, sondern lediglich 5 bis 8 %; für Nahrung werden nicht 52 % des Gehalts, sondern 60 % und mehr aufgewendet. Es wäre äußerst interessant zu verfolgen, ob damit der Gesundheitszustand der Arbeiter dadurch gehoben wird, und andererseits, wie sich solches Verhalten auf den erschreckenden Anstieg unserer Fleisch- und Mehlimporte und somit auf die gesamte Volkswirtschaft und die Staatsfinanzen auswirkt.

Bei der Beurteilung der Auswirkung der jeweiligen Ernährung sind drei Fälle denkbar: 1. Man isst zu viel. 2. Man isst die entsprechende Menge in geeigneter Zubereitung. 3. Man isst zu wenig.

Der ersten Fall bedeutet Überernährung, die zu Fettleibigkeit, zahlreichen Erkrankungen des Herzmuskels, der Blutgefäße, der Leber, der Haut, zu Gicht und anderen Krankheiten führt. Ich befürchte, dass eine eingehende Untersuchung ergeben wird, dass die vollwertige böhmische Küche zu Überernährung führt, deren Folgen nicht einmal der sich rasch ausbreitende Sport und körperliche Übungen ausgleichen können.

Für den zweiten Fall drängt sich die Frage auf: Wieviel soll man nun essen, wie und wann? Der Weg zu einer Antwort, die nicht leicht zu geben ist, führt über sorgfältige Untersuchungen und eingehende Überlegungen und muss nach Alter, Beruf, persönlicher Dispositionen, Klima, Jahreszeit etc. individualisiert werden. Im Hinblick auf einige augenscheinliche Fehler der böhmischen Küche würde ich zumindest folgenden Rat wagen: Dreimal am Tag essen. Das Frühstück verstärken und das Mittagessen abschwächen, am besten mit der Vormittagsjause zusammenfallen lassen und gegen 12 Uhr einnehmen und die Hauptmahlzeit gegen 6 oder 7 Uhr am Abend einnehmen. Obst und Gemüse auf den regulären Speisezettel setzen. Bier nur abends und nicht mehr als einen Liter trinken. Das Quantum reduzieren, nie bis zum völligen Sättigungsgefühl oder sogar bis zur Übersättigung essen.

Im dritten Fall, wenn zu wenig und schlecht gegessen wird, tritt Unterernährung samt ihren traurigen Begleiterscheinungen auf.

Nach dem Muster von Grotjahn würde ich unsere Bevölkerung wie folgt aufteilen:

1. Wohlhabende Menschen, die ihre Lebensmittel nach Belieben ohne Einschränkung auswählen können. Habeant sibi![a] Es gibt bei uns keine Sterbetafeln nach Beruf und Wohlstand wie bei den Engländern und keine nach dem errechneten Durchschnittsalter wie bei den Deutschen, Engländern und Amerikanern; es will mir jedoch nicht scheinen, dass diese Schichten weniger erkranken und später sterben würden als bei schlechter Versorgten. Um das Weniger an Tuberkulose gibt es ein Mehr an Fettleibigkeit, Herzerkrankungen, vorzeitiger Arteriosklerose und Neurasthenie. In Städten, insbesondere in Prag, pflegen reiche Familien in der dritten oder vierten Generation auszusterben.

2. Die sogenannte Mittelschicht, das heißt Kleinbürger in Städten, mittlerer Beamtenstand, besser situierte, qualifizierte Arbeiterschaft. In diesen Schichten strebt man danach, die Vorzüge der böhmischen Küche möglichst auszunutzen, und es gibt auch eine Tendenz zu konzentrierterer Kost mit einem höheren Anteil an Fleisch; der Quantität und der Qualität der konzentrierten Fleischkost werden durch die spärlichen Finanzen und die hohen Lebensmittelpreise enge Grenzen gesetzt; die Ausgaben für Lebensmittel bilden mehr als die Hälfte, ja bis zu 60 % und darüber der gesamten Ausgaben. Eine Anpassung des Speisezettels und der Mahlzeiten würde diesen Schichten nicht nur gesundheitlich, sondern auch finanziell helfen.

3. Die ländliche Bevölkerung, das Gesinde, dörfliche Handwerker und Händler, aber auch Arbeiter, die eine kleine Landwirtschaft für den Eigenbedarf führen. Hier kommen die lokalen Speisegewohnheiten stark zum Tragen. Es überwiegen pflanzliche und mehlige Lebensmittel; Fett und Fleisch kommen nicht täglich auf den Tisch. Der gelegentlich auftretende Mangel an Fleischkost mit ihren leicht verdaulichen und konzentrierten Eiweißen und Fetten wird durch große Mengen Brot, mehliger Speisen und Kartoffeln ausgeglichen. Ein willkommener Helfer insbesondere in der Kindererziehung ist Milch, entweder von der Kuh oder von der Ziege. Die Ziege ist ein guter Freund und ein Segen für den kleinen Mann und vor allem für seine Kinder. Diese Schichten verbrauchen ihre raue und voluminöse Kost bei viel körperlicher Arbeit und Bewegung an der fri-

a *Habeant sibi!*] (lat.) Sie mögen ihren Willen haben! / Meinetwegen!

schen Luft und erfreuen sich deshalb auch einer guten Verdauung. Ich vertrete die Ansicht, dass die böhmische Küche nur dieser Schicht angemessen ist; ich erachte sie auch für die kernigste – es sind diese Menschen, die jahrhundertelang, Generation für Generation, mit ihrem Populationsüberschuss die Städte speisen; es ist ein lebendiges Reservoir, aus dem unser Volk seit jeher das beste Material schöpft und aus dem fast immer die besten Männer hervorgingen. Es ist übrigens zu beachten, dass auf dem Land durchwegs nur dreimal am Tag gegessen wird.

4. Industriearbeiter und Tagelöhner, von Landwirtschaft und Viehzucht völlig losgelöst und einzig und allein auf ihren Lohn angewiesen. Auch sie tendieren, wie die erste und die zweite Gruppe, dazu, die voluminöse »ländliche« Kost (Roggenbrot, Hülsenfrüchte, mehlige Speisen, Pflanzenfette) durch konzentriertere Lebensmittel (Fleisch, Weißbrot, Zucker, tierische Fette) zu ersetzen. Dafür reichen ihre Finanzen jedoch nicht aus; diese Menschen können sich nicht mehr ausreichend pflanzliche und mehlige Speisen leisten und noch nicht ausreichend Fleisch, Butter und Zucker; bei ihnen tritt chronische Unterernährung auf. – Hier gelten die Worte des französischen Arztes Martial[a]:

> »Ich glaube nicht, dass es an Anweisungen zur richtigen Ernährung mangelt. Woran es mangelt, ist Geld. Man kann sämtliche Vorschriften über gesunde Kost zusammenschreiben – sie werden nicht gelesen. Der Arbeiter trachtet zunächst danach, mehr zu verdienen. Sobald ihm das gelingt, kann er die Regeln der Hygiene sowie der physiologischen und rationellen Ernährung beachten.«

*

Ob nun bei uns Ernährungsstudien angestellt werden oder nicht, einer Sache können wir uns sicher sein: Um auch nur die geringste Veränderung, den kleinsten Wandel in der Ernährung des Volkes zu erzielen, muss man jene dafür gewinnen, die sie fast restlos in Händen halten: die Frauen. Ich schätze zwar sehr, dass Mädchen nach der Volksschule oder nach der Mittelschule wissen, wer Julius Cäsar war, wie man die Hypotenuse eines Dreiecks berechnet und weitere ernsthafte und gelehrte Dinge; an den Schulen wird viel und immer mehr unterrichtet; im Vergleich zu unseren damaligen Lehrbüchern gleichen die heutigen umfassenden Monografien. Allein – eine junge Frau heiratet, und vom Hochzeitstag bis ins hohe Alter wird sie kochen, Lebensmittel einkaufen und den Haushalt führen müssen, und dabei werden ihr Julius Cäsar, die Hypotenuse und die fun-

a *Martial*] Der französische Hygieniker René Martial (1873–1955).

dierten Lehrbücher keine große Hilfe sein. Ginge es nach mir, würden die Mädchen viel von dem lernen, was heute unterrichtet wird; an jeder Mädchenschule würde ich jedoch eine Volksküche einrichten und eine gute, vernünftige Köchin und Haushälterin als Mitglied des Lehrkörpers berufen. Das Kochen einer guten und preiswerten Volkskost, Einkaufen von Lebensmitteln, Aufräumen der Wohnung etc. würde ich als ein sorgfältig geführtes, verpflichtendes Unterrichtsfach ebenso wie den Umgang mit Neugeborenen und Säuglingen in den Stundenplan aufnehmen.

Denn grau ist jede Theorie, und ich befürchte, dass jenen Männern, die sich vielleicht zu einer dringlichen Anfrage an das Ernährungsministerium bewegen ließen und eine Änderung des Speiseplans und der Essenszeiten verlangen würden, kein Erfolg beschieden wäre. Auch in diesen Sphären – oder gerade in diesen – ist die Evolution der Revolution vorzuziehen.

Andererseits sind es in erster Linie die Männer, die auf der traditionellen Hausmannskost, auf der böhmischen Küche stur und starr beharren. Frauen und Kinder greifen instinktiv nach der konzentrierten, möglichst vielfältigen Kost, die in kleinen Mengen verzehrt wird. Viele zornige Vorwürfe, die Kinder würden »nicht essen wollen« und die Frauen würden »unordentlich« essen, sind ungerecht; vieles rührt daher, dass sie genötigt werden, etwas zu essen, wogegen sich ihr Organismus instinktiv zur Wehr setzt.

Es ist auch zu bedenken, dass das familiäre Speisen eine Art Nolimetangere[a] darstellt – die Menschen lassen sich ungern in den Teller blicken. Das ist zu respektieren, gehört doch der Verzehr von Lebensmitteln zu den heiklen Angelegenheiten, die häufig aus verschiedenen guten und peinlichen Gründen im Verborgenen gehalten werden; schließlich ist es einer der wenigen Freiräume der individuellen freien Entscheidung, die uns im Gedränge von Menschen, Gesetzen, der Politik und des Überlebenskampfes geblieben sind. Die Hygiene[b] darf hierbei nie als Prediger und umso weniger als Gesetzgeber oder Vormund auftreten, sondern lediglich als Berater – wie übrigens in neun Zehntel jener Dinge, die nicht auf dem Papier bleiben, sondern ins Leben eingeführt und beibehalten werden sollen. Kurz und gut, die nationale Ernährung und ihre Einteilung sollte zu einem Bestandteil der nationalen Kultur werden: Der Weg führt von Univer-

---

a *Nolimetangere*] Von (lat.) noli me tangere (rühr mich nicht an): ein Thema, das man nicht anspricht (weil heikel).

b *Hygiene, Hygienewissenschaft*] Gesundheitslehre, Gesundheitspflege im umfassenden Sinn; Gesamtheit aller Bestrebungen und Maßnahmen zur Verhütung von Krankheiten und Gesundheitsschäden.

sitäten und Forschungsinstituten zur Lehrerschaft und in die Volks- und Mittelschulen.[4]

Eine Woche darauf hob in der Rubrik »Dopisy« (Leserbriefe / Zuschriften) unter dem Zwischentitel »O české kuchyni« (Über die böhmische Küche) die Debatte an:

Sehr geehrter Herr Redakteur,
gestatten Sie mit bitte ein paar Worte à propos böhmische Küche. Keine Angst, ich brocke Ihnen keine unverdauliche Polemik ein, die allen im Hals stecken bliebe. Ich bin überzeugt (leider nicht aus eigener Erfahrung, denn über Hygiene und ihre wertvolle Stütze, die Statistik, weiß ich gerade so viel wie jede Frau mit dem typisch weiblichen Horror vor Zahlen), dass Dr. L. P. Procházka der beste und vielleicht einzige tschechische Hygieniker ist, und nehme die von ihm angeführten Daten und seine Schlussfolgerungen als verlässliche und über jeden Zweifel erhabene Fakten.

Lediglich zum abschließenden Teil seines Beitrags – jenem Teil, der außer Common Sense und einem rudimentären Verständnis für die Verhältnisse bei uns und im Ausland keine andere Fachkenntnis verlangt – möchte ich einige Anmerkungen hinzufügen. Wenn wir nämlich erkennen wollen, wessen Schuld es ist, dass die böhmische Küche im Vergleich zur französischen oder amerikanischen mit ihren Abertausend glitschigen Knödeln derart, sagen wir, barbarisch daherkommt, müssen wir den Spieß des Urteils umkehren: Um den Schuldigen zu finden, dürfen wir nicht »chercher la femme«, sondern »chercher l'homme«![a] Nämlich jenen Mann, der in jeder Generation in unverminderter Anzahl neu ersteht: Im Glauben, die Stütze der Gesellschaft zu sein, stellt er die quietschende Bremse jeglichen Fortschritts dar, nicht nur in der Küche! Es ist jener Mann, von dem der Satz stammt: »Ich würde nie etwas in den Mund nehmen, was von jemand anderem als meiner Frau gekocht wurde.« Die Erblichkeit dieses Satzes beziehungsweise einer Denkungsart, die solche Sätze hervorbringt, ist in der tschechischen Nation unglaublich stark verankert. (Solche Sätze werden ausgesprochen, indem man einen Dau-

a *nicht »chercher la femme«, sondern »chercher l'homme«*] Die bildungssprachliche Redewendung »cherchez la femme« (Sucht die Frau!) meint: Macht die Frau ausfindig, die dahintersteckt! resp.: Da steckt eine Frau dahinter! Der Autorin zufolge steckt aber nicht eine Frau, sondern ein Mann (l'homme) dahinter, genauer: Für den Missstand sind nicht die Frauen, sondern die Männer verantwortlich.

men unter die Weste klemmt und mit der anderen genießerisch über den vorgewölbten Fettwanst streicht.) Solange dieser Geist vorherrscht, so lange werden wir an massiver Verknödelung und Verschweinsbratung leiden. Denn solche Ansichten werden aus demselben Teig wie unsere Knödel geformt, glauben Sie mir! Oder glauben Sie meiner Freundin, einer Französin, die ihr halbes Leben in verschiedenen Ländern dieser Welt verbracht hat und seit zwei Jahren nun in Böhmen lebt. Trotz des ihrer Rasse nachgesagten Scharfsinns fand sie keine andere Erklärung für alle möglichen Ungelenkigkeiten, an denen wir leiden, als: »C'est à cause de ces knedliqui, tout cela.«[a]

Um sich jedoch aus dem ewigen Circulum vitiosum[b] aus Knödelteig zu befreien und um nicht die Männer zu beschuldigen, die nichts anderes wollen, und die Frauen, die nichts anderes können, möchte ich einen konkreten (vielleicht weiblich nebulös konkreten) Vorschlag unterbreiten: Wäre es nicht möglich, in den böhmischen Ländern statt der snobistischen »französischen« Restaurants, deren ganzer Reiz in gepolsterten Logen, Lampenschirmen und unverschämten Rechnungen besteht, sogenannte Cafeterien einzuführen, die sich in den west- und mittelamerikanischen Städten seit Jahren als wahrer Segen für jene, die dort speisen, und für jene, die sie betreiben, erweisen? Es sind riesige Speisehallen auf dem Prinzip »Help yourself«[c], das wir bei uns durch »Weg mit den Knödeln!« ergänzen könnten (den Begriff »Knödel« verwende ich, wie Sie bemerkt haben, als Pars pro toto).

Bei jeder Unternehmung sind zwei Fragen zu stellen: »Was kostet es?« und »Was bringt es?«

Die Antwort auf die erste Frage mag sich jeder ausmalen, der an der Errichtung solcher Gastronomiebetriebe (Plural – denn um in der tschechischen Ernährung eine Änderung zu bewirken, genügt kein zaghafter, vereinzelter und kompromissgebremster Versuch!) interessiert wäre, nachdem er gehört hat, wie diese Cafeterien aussehen: Es sind große Räume mit vielen Tischen – ohne Tischtücher, aber sauber! (also das genaue Gegenteil der Tische in unseren Wirtshäusern!) – und vielen Stühlen. Im Hintergrund des Raums sind in einem Viereck, dessen eine kurze Seite fehlt, Tresen angeordnet. Einen Meter von den Tresen entfernt ist ein Metall- oder Holzgeländer angebracht, das bewirkt, dass man sich eben nur von einer Seite nähern kann.

a *»C'est à cause de ces knedliqui, tout cela.«*] »Das kommt alles von diesen (verdammten) Knödeln.«

b *Circulum vitiosum*] Teufelskreis.

c *Prinzip »Help yourself«*] Prinzip Selbstbedienung.

Etwas ähnliches gibt es bei uns vor Fahrkartenschaltern auf Bahnhöfen. Der Besucher kommt von links in diesen Gang. Das erste, was er auf dem Tresen vorfindet, sind gestapelte Tabletts und Körbe mit Besteck, Tellern und Tassen. Nachdem er sich damit versehen hat, geht er einen Schritt weiter und nimmt sich aus einem Korb Brot und auf einen kleinen Teller bereits portionierte Butter und lässt sich Tee oder Kaffee, ohne die ein amerikanisches Mittagessen undenkbar wäre, einschenken. Tee und Kaffee werden in großen Nickelkesseln zubereitet, über die ich nur so viel zu berichten weiß, dass sie ausgezeichnet funktionieren. Das Fräulein bei der Ausgabe kennt den wichtigsten Satz der Prager Wurstwarenverkäuferinnen – »Sie müssen sich ein bisschen gedulden, es ist noch nicht aufgewärmt« – gar nicht. Der Kaffee, der Tee, die Milch sind immer warm, immer da, immer mit amerikanischer Geschwindigkeit eingeschenkt und immer gut. Einen weiteren Stopp legt man beim Fleisch ein. Es gibt auf Gasflammen warmgehaltene Backbleche mit Roastbeef und Schweinefleisch (freue dich nicht zu früh, Tschechoslowake, dieses Schweinefleisch ist weder »mit einer knusprigen Schwarte« überzogen noch »mit einem ordentlichen Stück Fett« versehen), Hühnerfleisch und unzähligem anderem. Dann gibt es ganze Salatgärten, schon angerichtet auf Tellern, Kessel voller Reis und einer Art Kartoffelpüree (aber wieder ohne Butterpfützen). Dann kommen Tische voller amerikanischer Kuchen, der sogenannten Pies. Es sind Kuchen, deren Hauptbestandteil Früchte und Fruchtmousse sind und nicht Teig wie bei uns. Der Höhepunkt auf dieser Pilgerfahrt sind Kompotte, die in Gläsern angeboten werden und aus klein geschnittenen Bananen, Ananas, Orangen, Äpfeln und anderem Himmlischem bestehen und die man sich mit Schlagobers übergießen lassen kann. Am Ende des Vierecks warten zwei weniger erfreuliche Stationen: ein Fräulein, das zusammenzählt, was man auf dem Tablett hat (ohne sich dabei mit dem Bleistift in den Haaren zu kratzen und zu stammeln: »Das macht zusammen – das macht zusammen«) und ein zweites Fräulein, das kassiert, was das erste Fräulein addiert hat. Dann trägt man das Tablett zu einem Tisch, isst und geht, *sobald man fertig ist* – und nicht erst nach einer halben Stunde vergeblichen Rufens nach dem Kellner, dem man, wenn er sich denn bequemt hat, ein fürstliches Trinkgeld geben darf.

Was bringt es? Zeit und Geld. Beides in ungeheuren Mengen. Ich verstehe nicht, wieso noch niemand ob der *Jahre und Jahrhunderte* Arbeitszeit stutzig geworden ist, die Köchinnen dieser Welt *täglich* am Herd verbringen, um im Schnitt für drei Personen zu kochen! In Amerika werden die einfachsten

Arbeitsschritte in Fabriken von Experten untersucht, um nach dem Taylorschen System[a] die dafür erforderliche Zeit auf ein Minimum zu verkürzen. In Europa und insbesondere bei uns, mit unseren Essgewohnheiten, wird seelenruhig geduldet, dass 70 bis 80 % aller Frauen drei Stunden täglich am Herd totschlagen, um für den »geliebten Gatten« das Mittagessen zuzubereiten; bei gleicher Arbeit würden dreißig »geliebte Gatten« satt werden, von den Einsparungen beim Kochen in großen Mengen gar nicht zu reden. Nicht nur die Zeit der Frau würde eingespart werden. Auch die des Mannes, denn oft arbeitet er in einem Geschäft, Amt oder Betrieb in der City und muss zu Mittag zweimal fahren und zweimal die Tramway zahlen. (Um diesen Vorteil ausnützen zu können, müsste man die Arbeitszeit allerdings anders verteilen.) Ich rede gar nicht davon, wie die Nerven des Mannes und der Frau geschont werden würden, wenn man auf das tägliche Mittagsritual verzichtete, denn die Mittagsknödel scheinen häufig mit dem Dampfel des Zanks[b] angesetzt worden zu sein. Was allerdings auch entfallen würde, ist der pure Essensgenuss, der für viele Männer den Hauptgrund für die Eheschließung darstellen dürfte.

Ich bin überzeugt, dass dieser Lösungsansatz seine Schattenseiten haben wird – gibt es denn etwas, was keine hat? –, und glauben Sie mir: Wäre mir eine bewusst, hätte ich sie aufrichtig und loyal angeführt. Das Einzige, was mir in den Sinn kommt, sind allzu verliebte Ehefrauen, die den Mittag preisen, da der Gespons bei der Tür erscheint, obwohl es für sie den ganzen Vormittag Arbeit bedeutet. Aber könnte man nicht radikaler denken und fertige Mittagessen an die Haushalte liefern, die das Ideal des häuslichen Herds aufzugeben bereit wären? In diesen Herden wird ja so viel verbraucht! Sinnlos verheizt, wie Dr. Procházka schreibt – bei der heutigen Ausbildung der Frauen, die zwar Julius Cäsar und die Hypotenuse, aber nicht das sparsame und richtige Einheizen des Herdes vermittelt. Was die Frauen in den Jahren und Jahrhunderten frei gewordener Arbeitszeit zu schaffen imstande wären, ist eine andere Frage.

Zum Schluss – der Gerechtigkeit halber – gebe ich zu, dass die böhmische Küche mit all ihren Fehlern imstande ist, sich mit der Zeit (oder ist es eine Art Atavismus?) in unseren Mägen festzuschreiben, sodass uns in der Ferne

---

a *nach dem Taylorschen System*] Nach deren Begründer, Frederick Taylor, benannte Methode der Steuerung von Arbeitsabläufen.

b *Dampfel des Zanks*] Wortspiel mit »Dampf« und »Dampfel« (Vorteig, Gärprobe bei der Germ- / Hefeteigbereitung).

die Sehnsucht nach ihr packt. Aber das mag eine verdauliche Sentimentalität sein, die man nicht allzu ernst nehmen muss.

Mit freundlichen Grüßen

Ma – Fa.[5]

Sehr geehrter Herr Redakteur!
Über das Thema, das Dr. Procházka in seinem Beitrag »Über die böhmische Küche« behandelt, habe ich bereits so viel nachgedacht, dass ich Lust hätte, mindestens eine Stunde lang darüber zu reden oder zehn Seiten vollzuschreiben. Das ganze Leben der Familie hängt davon ab, wie die Hausfrau zu kochen versteht. Gerade in den mittleren Schichten gibt es ein gewisses Einkommen, doch ist es so bescheiden, dass alles, was man der Küche zugute kommen lässt, woanders eingespart werden muss.

Es wäre, bin ich überzeugt, für Frauen von Vorteil, würden solche Artikel öfter publiziert werden und würden sie die Frauen tatsächlich lesen. Nach der ganzen Kocherei und Aufräumerei mag die Frau nichts Anspruchsvolles und nach Wissenschaft Riechendes zur Hand nehmen, obwohl sie einen ernsthaften Artikel wie »Über die böhmische Küche« zu lesen imstande wäre; die darin enthaltenen Zahlen würden ihr die Statistik näherbringen. Allein, sie müsste ihn erst einmal zu Gesicht kriegen. Mit jemandem, der den ganzen Tag an die Küche denkt, fängt man ein Gespräch auch am besten über die Küche an; nur sollte man sie aus der eigenen Küche herausführen und sich in der Welt umsehen lassen, um sie feststellen zu lassen, dass man den Haushalt auch anders führen kann, als es Mutti immer getan hat.

Ich werfe unseren Frauen vor, dass sie sich, anders als Frauen anderer Nationen, ihre Arbeit nicht angenehmer und leichter machen. Und es berührt mich peinlich, wenn auch viele hoch gebildete Männer ganz erschrocken, weil man ihnen ihnen nicht bekanntes Gemüse vorgesetzt, und ganz krank, weil sie auf ihre Semmelknödel verzichten mussten, aus dem Ausland zurückkehren.

Heute, wo ich erkannt habe, wie man anderswo lebt, kommt mir unser ewiges Kochen und ewiges Essen wie eine Art verrückter Leidenschaft vor: Die Frauen schnüffeln wie hungrige Weibchen schon um die achte Stunde in den Läden und auf dem Markt herum. Die Taschen schleppen sie so vollgestopft nach Hause, dass sie an jeder Ecke ausruhen müssen. Und zu Hause heizen sie gleich ein und beginnen sofort mit Einmachen, Schnipseln und großem Gekoche.

Die Französin geht zwischen 11 und ½12 Uhr einkaufen. In einem kleinen Körbchen trägt sie, ein Ding neben dem andern sorgfältig geordnet, einige Sardinen oder ein Heringsfilet, einen Liter Muscheln, ein Stückchen irgendeiner Pastete oder ein bisschen bereits zubereiteten Salat mit Mayonnaise – das ist die Vorspeise. Eine Menge Sachen kann fertig oder halbfertig gekauft werden, stets frisch und sauber. Dies bedeutet für die Hausfrau einen kolossalen Vorteil und ist gewiss auch vom volkswirtschaftlichen Standpunkt günstig. Dann kauft die Französin einen Seefisch, der lächerlich billig ist und in zehn Minuten in Öl gebacken sein kann; oder ein Beefsteak, das auf dem Drahtgitter in zehn Minuten gar ist; oder ein Häuptel Salat, wovon es eine Menge Arten gibt, Käse, Obst. Man trinkt gewöhnlich Bordeaux mit Wasser vermischt, zuweilen Wasser rötlich gefärbt. Aber der Tisch ist wie zu einer Festlichkeit gedeckt, inmitten steht ein Blumenstrauß, die Hausfrau ist nicht abgehetzt, kann mit den übrigen speisen und sich unterhalten. Eine Mahlzeit ohne Gespräch wäre eine ohne Würze.

So ungefähr sieht ein Mittagessen in den Mittelstandsfamilien aus. Es gibt jedoch sehr viele im Pariser Umland wohnende Familien, deren Vater in der Stadt arbeitet. In diesem Fall essen die Familienmitglieder, die zu Hause bleiben, mittags nur weniges: ein Eieromelette, eine Kotelette, einen Karfiol, Sardinen mit Butter. Der Mann isst mittags bloß das mitgenommene belegte Brot.

In zahlreichen Familien kommt mehrmals in der Woche gekochtes Rindfleisch auf den Tisch. Die Zubereitung ist ungemein einfach: Fleisch ins Wasser und in diesem der Beisatz der ganzen Gemüse: Gelbe Rüben, Rettich, Sellerie, Karfiol, Kartoffeln, Porree. Es wird auf den Ofen gestellt, gewöhnlich auf Gas, und man braucht sich um nichts mehr zu kümmern. Man nennt dies einen »pot-au-feu«[a], und die Redensart »avoir son pot-au-feu«[b] ist viel poetischer als unser »Seinen Herd, sein Heim haben«.

Die Suppe am Abend ist für einen richtigen Franzosen unentbehrlich. Dann folgt Fleisch, gekochtes Gemüse. Wie sehr ich unsere künstlich zubereiteten Gemüse mit hundert und einem Zusatz, so dass sie zum Schluss gar nicht mehr wie Gemüse schmecken, verabscheue, so sehr liebe ich die auf französische Art gekochten, gesalzenen und mit Fett versetzten grünen Bohnen, Erbsen, Sellerie, Karfiol. Darin steckt nicht nur Wirtschaftlichkeit,

a *»pot-au-feu«*] Suppentopf, Eintopf.
b *»avoir son pot-au-feu«*] Ein Auskommen haben, in geregelten Umständen leben.

Feinschmeckerei, sondern auch Geschmack. Den Salat bereitet sich gewöhnlich jeder bei Tische selbst zu. Dann folgt Käse, Obst, Dessert.

Es will mir scheinen, als ob der Franzose mit dem Essen spielte, während wir uns darauf stürzen. Aber vielleicht können wir nichts dafür, dass wir einen größeren Hunger fühlen.

In der letzten Zeit ist in Paris die Teuerung gestiegen. Die Familien leben jedoch in allen Belangen unverändert – man spart nur an Essen. Ich glaube, dass ihnen das nicht einmal schwerfällt. Die schlanke Silhouette ist möglicherweise eher eine wirtschaftliche als eine Modeangelegenheit. Unsere dicken Frauen, die gern »Dabei nehm' ich ja fast nichts in den Mund!« sagen, würden sich wundern, was eine Französin nicht in den Mund zu nehmen imstande ist.

In der Kinderernährung achtet man gewissenhaft auf genaue Zeiten und Mengen und auf Sauberkeit. Obwohl die Kinder schwächelnd auf die Welt kommen und nur selten gestillt werden, sehen sie sehr gesund aus.

Beschweren muss ich mich noch über die Schule, die uns so erzogen hat, dass sich jede von uns von Anfang an auf eigene Faust durchschlagen muss. Sie hat uns nichts über das Kochen, das Haushaltführen und das Einrichten der Wohnung beigebracht, und das, was vielleicht doch unterrichtet wurde, konnte sie nicht recht vermitteln, oder es war nicht »das Wahre«, denn die meisten von uns haben es wieder vergessen. Die Frau gelangt dann zu der Erkenntnis, dass Muttis kompliziertes Kochen letzten Endes doch das Vollkommenste ist, was das Leben einer Frau zu bieten hat, und ergibt sich dem blind und bedingungslos.

Pavla Stehnová[6]

Sehr geehrter Herr Redakteur!
Zum Artikel »Über die böhmische Küche« von Herrn Dr. Procházka, den ich vorbehaltlos unterschreiben würde, möchte ich gerne einige Anmerkungen über die schwedische Küche hinzufügen. Ich verfüge nicht über die fachlichen und statistischen Kenntnisse des Autors des betreffenden Artikels, deshalb zeugen meine Zeilen nur von den Erfahrungen eines Laien, der sich davon überzeugen konnte, um wieviel gesünder und nahrhafter die einfache und leichte schwedische Kost im Vergleich zur komplizierten und den Magen strapazierenden böhmischen Küche ist.

Unser Mittagessen besteht in der Regel aus Suppe und eventuell einem Stück Fleisch; das Wesentliche – was uns satt machen soll – sind Knödel und anschließend gewöhnliche Mehlspeisen aus Germteig oder feinere Süßspeisen, die wiederum vor Butter, Eiern, Mandeln, Nüssen usw. triefen. Gemüse wird selten zubereitet (»Davon wird keiner satt«; »Mit Gemüse könnt ihr mich gernhaben, in einer Stunde hat man wieder Hunger« – und wir wollen unsere Mägen lange gefüllt spüren; ein Nachsatz von mir), Obst wird als Luxus angesehen. Darin ist allerdings ein Stück traurige Wahrheit enthalten, denn Obst ist bei uns in der Tat zu teuer, als dass breite städtische Schichten sich daran satt essen könnten. Hat man jedoch das *Wissen* und den guten Willen, kann man an anderen Lebensmitteln zugunsten von Obst einsparen.

In einem durchschnittlichen schwedischen Haushalt wird in der Früh mit Wasser angerührter und reichlich mit Milch übergossener Haferbrei gereicht. Kinder bevorzugen ihn in der Regel süß, Erwachsene salzig. Dann bekommen Kinder Kakao und *Schwarz*brot (im Gegensatz zu unserem ist es süß) mit Butter (Marmelade, Honig), Erwachsene essen ihn zum Kaffee und zusätzlich noch etwas Fleischiges (kalten Braten, Pastete o. ä.) oder den beliebten Hartkäse. Die Jause, so wie wir sie kennen, entfällt, und statt dem Mittagessen gibt es den auch in anderen Ländern beliebten Lunch. Ein Lunch ist eigentlich eine sättigende Jause mit Fleisch, nicht jedoch so reichhaltig, um mit unsrem Mittagessen verglichen werden zu können. Das Mittagessen nimmt man zwischen 6 und 7 Uhr am Abend ein und es besteht aus einem Stück Fleisch (häufig gebraten), Fisch, Kartoffeln, Gemüse, einer Obstsuppe mit Milch und Zwieback oder Kompott. Statt der kalten und süßen Obstsuppe werden auch Mehlspeisen gereicht, diese sind aber *nie aus Germteig*. Es sind einfache leichte Kuchen aus Backpulverteig, Liwanzen[a] aus flüssigem Teig ohne Hefe, Puddings, Omelettes usw. Unsere Suppen (»Die Suppe ist die Grundlage!«) sind *unbekannt,* ebenso Einbrenn, Sauerteigbrot und anderes. Reichlich Obst und Gemüse wird als selbstverständlich angesehen.

Diese einfache Küche erfordert natürlich wesentlich weniger Zeit, als unsere Hausfrauen am Herd verbringen müssen, und bringt dabei hervorragende Ergebnisse, wie am Zustand der Bevölkerung zu ersehen ist. Ich hatte zum Beispiel Gelegenheit, zu beobachten, wie gut der erwähnte Haferbrei Kindern bekommt. Doch als ich die Mütter bleicher und blutarmer Kinder für diese einfache und vollwertige Speise gewinnen wollte, zogen sie sich misstrauisch

---

a *Liwanzen*] (= Dalken) flache (1 bis 1,5 cm hohe) Küchlein mit einem Durchmesser von 6 bis 8 Zentimetern; zumeist, aber nicht notwendigerweise aus Germ- / Hefeteig.

zurück und blieben lieber beim Vollstopfen der Kinder und dem Verabreichen von Eisenpräparaten. Konservativismus, Misstrauen und vielleicht auch etwas Bequemlichkeit stehen unseren Hausfrauen im Weg, will man neue Speisen oder eine Vereinfachung unserer Küche einführen.

»Aber bei uns wurde es immer schon so gegessen, und meine Mama hat es auch schon so gemacht ...«; »Nicht auszudenken, wenn ich meinem Mann statt Knödeln eine Obstsuppe vorsetzen würde ...«

Das Essen ist bei uns zu einem viel zu wichtigen Bestandteil unseres Lebens geworden, der Kult des Schweinsbratens mit Knödeln, der Dalken[a] und Buchteln[b] ist so tief verwurzelt, dass es viel Arbeit bedeuten wird, die Menschen zu bekehren. Wir essen nicht, um zu leben – wir leben, arbeiten, sorgen uns, um möglichst viel und nach böhmischer Vorstellung gut essen zu können. Fragt man jemanden, wie es ihm im Ausland gefallen hat, bekommt man die stereotype Antwort: »Recht schön war es, bis auf das Essen.« Mit anderen Worten: Der Durchschnittsmensch bewertet die Schönheiten der Landschaft und die künstlerischen Schätze fremder Städte nach der Zufriedenheit seines Magens. Damit meine ich nicht, dass man das Essen, seine Qualität und den Nährstoffgehalt der Lebensmittel, aber auch das Zubereiten und die Tischkultur vernachlässigen sollte, aber es ist ein Fehler, wenn das Essen zum wichtigsten Lebensinhalt wird. Weil wir so hartnäckig an der Verehrung der böhmischen Küche festhalten, wird es nötig sein, die Grundsätze der richtigen Ernährung in Form breit angelegter Aufklärung nicht nur in Mädchen-, sondern auch in Knabenschulen von den ersten Schuljahren an stetig und geduldig zu wiederholen.

R. J. – J.[7]

Sehr geehrter Herr Redakteur, anbei einige Bemerkungen zum Artikel »Über die böhmische Küche« von Herrn Dr. Procházka.

Dr. Procházka widmet sich der Magenversorgung, die bei uns gewiss im Argen liegt, und behandelt das Thema mit einer derartigen fachlichen Tie-

a *Dalken*] (= Liwanzen) flache (1 bis 1,5 cm hohe) Küchlein mit einem Durchmesser von 6 bis 8 Zentimetern; zumeist, aber nicht notwendigerweise aus Germ- / Hefeteig.
b *Buchteln*] (auch: Wuchteln) annähernd quaderförmiges Germ- / Hefe-Kleingebäck, klassischerweise mit Powidl (dick eingekochtem Zwetschken- / Pflaumenmus) (von der reinen Lehre abweichend auch mit Marillen- / Aprikosenmarmelade) gefüllt und mit Vanillesauce resp. Kanarimilch (dünnflüssiger Vanillesauce) serviert.

fe, dass ein Nachtrag schwer möglich und überflüssig erscheint. Die von uns dermaßen geschätzte böhmische Küche weist mehr als genug Mängel auf, was eindeutig dadurch belegt wird, dass sie ohne Entlehnungen aus anderen Küchen, insbesondere der französischen, keinem Ausländer schmeckt, ja ihn geradezu verschreckt. Unser geliebter und überall gereichter Schweinsbraten etwa mit Kraut und Knödeln, Knödel zu allem und zu jedem und danach schwere gebackene Mehlspeisen in bedenklichen Mengen, die von keinem anderen als unserem seit Generationen trainierten Magen vertilgt werden können, das erfüllt die Ankömmlinge mit Schrecken und Erstaunen über unsere Verdauungsfähigkeit.

Die geringe Menge an Gemüse, fast völliges Fehlen von Salaten und Obst als regulärer Bestandteil des Speisezettels, die Monotonie und der Mangel an Abwechslung sind ihnen und schließlich auch manchen von uns unverständlich. Dabei wäre eine Änderung, deren heilsame Wirkung wir wohl bald in allen Schichten bemerken könnten, nicht allzu schwer zu bewerkstelligen. Dr. Procházka erwähnt beim Vergleich verschiedener Küchen die wenig einfallsreiche Zubereitung von Fleisch im Vergleich zur Vielfalt in Frankreich. Nur in diesem Punkt irrt er ein wenig. – Wenn wir über die Ernährung breiter Schichten sprechen, dürfen wir nicht an die vollkommene Kochkunst in reichen französischen Haushalten sowie in französischen Restaurants denken, wo allerdings einzigartige Vollkommenheit und Vielfalt erreicht wird. Die Fleischzubereitung an einem weniger betuchten französischen Tisch bleibt hinter unserer Küche und den anerkannten Methoden weit zurück. Eine französische Köchin mit einem beschränkten Haushaltsgeld kennt nur in der Pfanne gebratenes Fleisch, meist Kotelett, mit einer farblosen Sauce, Brathuhn und bestenfalls noch Beefsteak und Rumpsteak. Auch die Zubereitung von Gemüse (mit Ausnahme der Kartoffeln, die zu wahren Leckerbissen verarbeitet werden, und Gemüse außer in Form von Salaten) ist bei uns sorgfältiger und schmackhafter. Es ist umso verwunderlicher, dass unsere Hausfrauen den Schritt nicht wagen, von ihren immer gleichen Speisen abzurücken und statt der ewigen Knödel, Breie und Kartoffeln nicht lieber etwas Gemüse kochen und die übermäßige Fülle an Buchteln und anderen schweren Mehlspeisen mit einigen Stücken Obst auffrischen, das in Menge und Preis für jeden erschwinglich ist.

Was Herr Dr. Procházka lediglich streift, scheint mir ein unbestrittenes Faktum zu sein: Die Qualität unserer Kost ist die Hauptursache unserer notorischen Schwerfälligkeit. Es wäre sehr erstrebenswert, die Zubereitung und die Mengen dessen, was wir zu uns nehmen, zu verändern. Wir sind doch keine Eskimos, und das Klima zwingt uns nicht, unsere Mägen derart zu überlasten. Unsere Lebensbedingungen gleichen denen unserer Nachbarn im Westen, und es ist keinesfalls bewiesen, dass die großen Unterschiede in Wesen, Meinungen und was sonst noch dem Nationalcharakter zuzuzählen ist, lediglich durch die Rasse begründet sind. Es ist undenkbar, dass die Qualität dessen, was uns am Leben und bei Kräften erhält, nur auf unsere Physis Wirkung hätte. Ich bin überzeugt, dass eine Entlastung unserer Verdauungsorgane nicht nur unser körperliches Wohlbefinden steigern könnte. Wenn unsere Muttis sich selbst und ihren Hälften keine weniger nahrhafte Küche zumuten wollen, sollten sie doch zumindest auf die Ernährung ihrer Kinder achten. Es ist unbestritten, dass schmächtige Kinder unter der ihnen vorgesetzten Kost oft leiden, sie entweder ablehnen oder schlecht vertragen. Der geringe Aufwand, um dem kindlichen Magen gerecht zu werden, würde in der Zukunft bestimmt sichtbare erfreuliche Ergebnisse bringen.

Mrs.[8]

Sehr geehrter Herr Redakteur, gestatten Sie mir, mit einigen Bemerkungen auf den Artikel »Über die böhmische Küche« von Herrn Dr. Procházka zu reagieren.

Der Artikel ist so umfassend und bedeutsam, dass nicht nur einige Anmerkungen, denen Sie, wie ich hoffe, Platz in Ihrem Blatt einräumen, sondern ganze Artikelserien zu diesem wichtigen Thema angebracht wären. Er weckte meine Aufmerksamkeit und mein Interesse, da die Ansichten des Autors mit jenen übereinstimmen, die ich seit Monaten in der Hauswirtschaftsrubrik des Journals »Modní Revue«, in der ich regelmäßig publiziere, übereinstimmen.

Beinahe zeitgleich mit dem Artikel des Herrn Autors veröffentlichte ich in dem zitierten Blatt letzte Woche einen Beitrag zum Thema »Böhmische und französische Küche«, in dem ich im Wesentlichen dieselbe Meinung über die böhmische Küche vertrete – ohne allerdings die wissenschaftlichen Unterlagen anzuführen, die Herr Autor zur Hand hat – und dieselbe notwendige Reform unserer Küche fordere.

Der Großteil meiner Artikel – dem eingeschränkten Rahmen der Rubrik entsprechend – zielt auf die Erziehung der Leserinnen zu neuen, besseren, vernünftigeren, zeit- und kraftschonenden sowie hygienischen Methoden der Haushaltsführung und Küche ab, dennoch erwarte ich in absehbarer Zeit keine nennenswerten Ergebnisse.

Nicht, weil ich glaube, dass der Konservativismus der Frauen beim Kochen fast unüberwindbar wäre, wie Dr. Procházka schreibt – ich bin eher vom Konservativismus der Männer überzeugt –, sondern eher wegen des gegenwärtigen wirtschaftlichen Niedergangs der mittleren Schichten, der dem Reformwillen in unserem Sinne grundlegend zuwiderläuft.

Man muss bedenken, dass die sog. böhmische Küche wesentlich preiswerter als die französische ist und deshalb so feste, unausrottbare Wurzeln bei uns hat. Die böhmische Küche zu reformieren kann gegenwärtig nur den wirtschaftlich gutsituierten Schichten gelingen – diese muss man also an Veränderungen heranführen, und von ihnen kann man sich ein Ergebnis erwarten. Die Hausfrau der Arbeiterschaft und der mittleren Schichten (die Landbevölkerung lassen wir außer Acht, denn schwere Arbeit an der frischen Luft ist mit der böhmischen Küche vereinbar), insbesondere in den Haushalten der Staatsbeamten, können ihren Speisezettel nicht groß reformieren: Beim ersten Versuch bringen sie die hohen Preise für Fleisch, Obst und Gemüse – Hauptbestsandteile der französischen Mahlzeiten – in Kollision mit dem Haushaltsgeld; versuchen sie wiederum zu haushalten, ist eine Kollision mit der Ernährungswissenschaft unvermeidbar; als Angehörige des Beamtenstands, die ihren Haushalt, ihre Küche und ihre Einkäufe selbst erledigt, spreche ich aus eigener Erfahrung.

Jede Praxis hinkt der Theorie hinterher, denn auch bei uns gelten in erster Linie die Worte des zitierten französischen Arztes Martial, dass es bei der richtigen Volksernährung an Geld und weniger an Anweisungen mangelt ...

Alle Vorschläge des geschätzten Herrn Autors sind sicherlich bemerkenswert, und ihre baldige Erfüllung wäre der Volksgesundheit zweifellos dienlich. Am ehesten durchführbar ist wohl die Forderung nach einer fachlichen Heranführung der Mädchen an das Familienleben nicht nur in den Haushaltungsschulen, sondern in allen Mädchenschulen. Dennoch erachte ich für die nächste Zukunft die Erfüllung der Forderung nach einer Reform der Staatsausgaben und der Staatswirtschaft für vordringlich, um einige Volksschichten vor dem Untergang zu bewahren. Würde allen nach gleichem Maß beigemessen, höbe es das wirtschaftliche Niveau, das bei manchen auf ein Minimum heruntergeschraubt wurde. Erst nach einer Verbesserung der wirtschaftlichen Lage der ganzen Nation kann man von einer Reform der Volksernährung einigen Erfolg erwarten. Es wird auch angebracht sein, eine wissenschaftliche Einrichtung zur Erforschung der Volksernährung zu gründen, sobald die materielle Basis zur Umsetzung hervorragender wissenschaftlicher Theorien und

Berechnungen gegeben ist. Denn in der Küche sind angesichts einer leeren Speisekammer wissenschaftliche Berechnungen genauso wenig nützlich wie die Kenntnis des pythagoräischen Lehrsatzes oder das Aufzählen der Zuflüsse chinesischer Ströme.

Asperula[9]

Lieber Herr Redakteur,
Sie wünschen, daß ich Ihnen etwas über die böhmische Küche schreibe; Sie vergessen dabei, daß mich infolgedessen diejenigen, die mich als bloßen Skeptiker gelten lassen, überdies als einen Freßsack ausschreien werden, was eine fatale Kopplung ergibt. Damit ich mir wenigstens den Ruf eines Philosophen auch in einer solchen Frage bewahre, will ich mir gestatten, einige Gesichtspunkte zu unterscheiden, die mir in ihrer Diskussion über die böhmische Küche irgendwie durcheinandergeraten zu sein scheinen; denn es gibt:

1. die Frage des Kochens,
2. die Frage der Ernährung,
3. das eigentliche kulinarische Problem.

1. Was das *Kochen* oder die Küchenarbeit anbelangt, so glaube ich tatsächlich, daß unsere Hausfrauen bisher allzu sehr küchenhörig sind. Es ist wahr, daß, sagen wir, in England die Frau in einem durchschnittlichen Haushalt von dieser kleinlichen Arbeit weit mehr verschont ist als bei uns; aber auch dies hat seinen Nachteil, und sogar einen sehr schweren. Für die Frau bedeutet es gewiß eine große Ersparnis, wenn sie bloß in der letzten halben Stunde eine bereits eine Woche alte Keule halb anwärmt, aus der Konserve eingetrocknete grüne Erbsen zuschüttet und das Mahl durch fertig gekaufte Tartes mit fertig gekaufter Obsttunke krönt. Aber ich glaube, daß *etwas* dabei verlorengeht, namentlich die kleinen Hausgötter, welche die Brandopfer lieben; ich selbst esse außer Stockfisch alles auf der Welt, aber ich würde es mir wohl überlegen, für diesen westlerischen Standard einer schnellen und leichten Fütterung zu stimmen. – Unsere Küchenführung ist vielleicht deswegen zu mühsam, weil unsere Hausfrauen mit allem von Anfang an beginnen müssen: wenn sie Kartoffeln kochen, müssen sie sie erst von der Erde befreien, während in Paris die Hausfrauen die Kartoffeln bereits gekocht und geschält beim nächsten Höker[a]

a *Höker*] Kleinhändler, Greißler.

kaufen. Voraussetzung allerdings ist, daß diese nächste Hökerei rein wie eine Apotheke oder wie ein Seidengeschäft engros ist und daß die besagten gekochten Kartoffeln hinsichtlich der Sauberkeit auch nicht einen Schatten des Verdachtes werfen. Ähnlich auch verkauft man gekochten Spinat, gekochtes Kraut, gekochte Linsen und so weiter; ich versichere aus eigener Erfahrung, daß es sehr angenehm ist, aus diesen halbfertigen Sächelchen ein Essen zu bereiten. Sagt nicht, daß ihr grundsätzlich einem Kraut, das eure Hausfrau nicht im ganzen nach Hause gebracht hätte, mit Mißtrauen begegnen müßt, wenn ihr selbst dem eingelegten Kraut Vertrauen schenkt; und zweitens, wenn wir den Bäckern trauen, warum sollten wir uns scheuen, den Verkäufern von fertigem Gemüse zu vertrauen? Alles hängt davon ab, wie und wann unser Lebensmittelhandel aus seiner bisherigen, derben und unsauberen Primitivität herauswachsen wird; daß ein Anfang bereits getan werden sollte, ist allerdings wahr; auf dem Papier kann man jedoch schwer reformieren. – Ferner sind wir ohne Zweifel in der Küchentechnik weit zurück; unsere Gasanstalten und Elektrizitätswerke verstehen keine vernünftige Wirtschaftspolitik zu führen, kümmern sich um keine Steigerung der Abnahme und machen durch ihre hohen Preise die moderne Ausstattung der Küche unmöglich. – Aber wenn ihr unseren noch sehr unvollkommenen Lebensmittelhandel und auch die unvollkommene Ausrüstung unserer Küchen in Abzug bringt, bleibt immer noch verschiedenes, worin die Küchenfron erleichtert werden könnte. Es gibt eine Reihe von Speisen, die viel zu komplizierte Vorbereitungen erfordern; es herrscht eine Ungeschicklichkeit in der Zusammenstellung der Speisekarte; es ist hier eine Vorliebe für schwere und mühsam herzustellende Mehlgebilde, die wir noch aus den Zeiten geerbt haben, wo die Leute offenbar mehr Zeit hatten. Lesen Sie einmal bei Magdalena Dobromila Rettigová[a] nach. Es ist geradezu mythisch. Ich wundere mich, daß man damals keine geschnittenen Gemmen, mit Perlmutt besetzte Kästchen und andere ähnlich aufwändige Dinge gegessen hat. Wer die Welt bereist hat, hat dreißig oder fünfzig Speisen kennengelernt, die sehr einfach sind, gewissermaßen fertige Kochelemente; ich sag' euch, ihr könnt essen wie die Götter, ohne ein menschliches Geschöpf fünf Stunden lang in der Küche einzuspannen. Es ist zwar wahr, daß jede Reform des Kochens auch in der Küche begonnen werden muß. Die Schuld liegt

a *Magdalena Dobromila Rettigová*] Magdalena Dobromila Rettigová (1785–1845) ist mit ihrer »Domácí kuchařka« (»Die Hausköchin«), Erstausgabe 1826, für die böhmische Küche, was Katharina Prato mit ihrer »Süddeutschen Küche« *für die österreichische und Henriette Davidis mit ihrem »Praktischen Kochbuch« für die deutsche Küche ist.*

meiner Ansicht nach mehr an den Frauen als an den Männern; der Mann ist froh, wenn ihm etwas Gutes vorgesetzt wird, aber gewöhnlich weiß er nicht, was er eigentlich ißt. Ich bekenne, daß ich die Rezepte zu lesen pflege, welche »unsere Hausfrauen« in der Zeitung ihren Genossinnen mitteilen; es ist schrecklich; ein solches Rezept hat 15 oder 20 Zeilen, während ein Rezept für Reisbrei auf 3 Zeilen geht. Ein gutes Rezept ist wie ein gutes Drama: je knapper, desto kerniger. Als »feine Küche« gilt bei den Frauen das Kochen komplizierter Speisen; das ist ein Ideal aus vergangenen Jahrhunderten, das nur kraft des blinden und gedankenlosen Konservativismus weiter existiert, dessen nur die Frauen fähig sind. Es ist entschieden notwendig, die Frau zu befreien; was ihr weiter mit ihr anfangen werdet, ist allerdings eine andere Frage.

2. Was die *Ernährung* anbelangt, so ist, glaube ich, betreffs unserer Fett-, Fleisch-und Mehlgefräßigkeit kein Zweifel möglich; es ist eine systematische Überernährung, und das Perzent der Dicken ist bei uns im Vergleich mit dem Auslande auf den ersten Blick geradezu erdrückend. Dabei ist unser Konsum an Käsen, Gemüse und Obst sündhaft gering: Unsere Zollpolitik hat das sonderbare Kunststück zustande gebracht, Seefische und ausländisches Obst mit Luxusgebühren zu belasten. Mit den Engländern haben wir den Überfluß an Fleisch gemeinsam, aber wir unterscheiden uns von ihnen dadurch, daß wir uns zuoberst noch durch fette Mehlspeisen komplettieren, während der Engländer seinen Magen nur mit einem Kleisterpudding zupappt. Meiner Meinung nach ist die italienische Küche die zuträglichste; sie vereinigt eine bewunderungswürdige Genügsamkeit und Einfachheit mit einer gewissen Lieblichkeit. Man sagt, daß unsere Küche aus uns schwerfällige und schläfrige Menschen mache: Ich glaube jedoch, daß keineswegs Schwerfälligkeit oder Schläfrigkeit, sondern vielmehr eine gewisse gereizte und unzufriedene Gemütsstimmung unsere auffallendste nationale Untugend bildet; ob dies eine Folge des Knödelregimes ist, wage ich nicht zu entscheiden, viel eher hängt dies vielleicht damit zusammen, daß wir leichte und beseligende Belustigungen fast überhaupt nicht kennen. Wir leben germanischer, als wir überhaupt ahnen; das Slawische unserer Knödel ist offenbar nicht ausgiebig genug, um unsere mitteleuropäische Belastung zu überwinden. Nicht als ob ich die böhmische Küche entlasten wollte: ich möchte sie bloß leichter machen. Dabei rede ich gar nicht von der hygienischen Seite, von den Kalorien: Ärzte mögen Kalorien essen, ich sehne mich nach subtileren, gewissermaßen direkt geistigen Genüssen.

3. *In kulinarischer Hinsicht,* sei's: ich will euch die pure Wahrheit sagen. Bei uns wird im Vergleich mit anderen Ländern unschön gegessen; vor allem

wird unschön serviert. Erspart euch die Hälfte der Arbeit mit der Zubereitung des Mittagessens, aber gebt mindestens ein Viertel der Arbeit bei der Herrichtung der Tafel zu. Man braucht sich zum Abendessen nicht gerade den Smoking anziehen, aber es ist auch nicht notwendig, sich zum Mahl die Stiefel auszuziehen und die Ärmel aufzukrempeln, als gelte es im Schweiße seines Angesichts Mist aufzuladen. Bei uns ist die Mahlzeit kein tägliches Familiengesellschaftsereignis geworden; aber auch hier bin ich der Meinung, daß nicht so sehr der Mann schuld ist, der sich einfach auf das vorgesetzte Essen wirft, sondern vielmehr die Hausfrau, die sich keine Mühe nimmt, die Tafel festlich zu gestalten; was nützt es, diesen Kampf um ein höheres Niveau kann nur das Regiment der Frauen gewinnen. Bei uns wird unschön gegessen, weil man das Ideal des überquellenden Troges aufrechterhält; es wird eine komplette Gans aufgetragen, und nun, Riese, vertilge sie. Die Tafel ist opulent und dabei schrecklich einförmig; lade du die eine Speise auf, anstatt mit einigen Schalen zu spielen; stopf dich voll, anstatt bissenweise zu naschen. Zum Nachtmahl kannst du einen Quadratfuß Rostbraten mit Knödeln haben, aber für das Geld und vielleicht noch billiger hättest du eine Sardine, drei Bissen einer Kotelette, ein Stückchen Käse und eine Handvoll Nüsse oder dergleichen haben können; nun denn, wetten wir, daß die Hausfrau dich lieber mit Rostbraten verstummen macht, Gott weiß durch welchen Fluch dazu veranlaßt, vielleicht durch die Angst vor dem Tellerwaschen. Ich kann mir nicht helfen: große Speisemengen auf der Schüssel sind etwas, was mir irgendwie den Magen umdreht; durch die Masse wird jedes Essen ordinär.

4. In der Beziehung wäre noch manches zu sagen, aber ich eile, um noch eines festzustellen: Man muß, wenn man über die böhmische Küche spricht, einen Unterschied machen zwischen der Hausmannskost und der Gasthausküche; wenn von den kulinarischen Gefühlen der Ausländer die Rede ist, so stammen diese meist aus den unliebsamen Eindrücken der Hotelküchen. Dort, bitte, sprecht nicht von der böhmischen Küche; wenn die böhmische Küche eine Poesie hat, ist sie in den Gasthäusern überhaupt nicht zu finden. In den Gasthäusern trachten wir ein anständiges europäisches Niveau zu erreichen. Der vernünftige Ausländer beklagt sich in Italien nicht über die Existenz der Makkaroni, sondern über eine harte Henne, in England nicht über den Haferbrei, sondern über eine viel zu zähe Keule; und wenn er Kunst dazu hat, über schlechte Bedienung und so fort. Aber ich glaube, daß dieses sehr ernsthafte Thema von der Frage abweicht, die Sie mir gestellt haben, weshalb

ich bemerke, was ich im eigenen Interesse schon längst hätte bemerken sollen, nämlich daß ich schließe.

Ihr *Karel Čapek*[10]

Sehr geehrter Herr Redakteur!
Herr Dr. Procházka dürfte kaum angenommen haben, dass unsere Frauen mit der böhmischen Küche unzufrieden wären. Die hoch geschätzten Damen der p. t. Leserschaft schlagen vielmehr mit unbeirrbarer Gründlichkeit alles tot, was auf dem Schlachtfeld vom Wissenschafter am Leben gelassen wurde. Schwer wird einem ums Herz, wenn man bedenkt, dass wir wieder um einen Kulturdefekt reicher sind. Die Mängel unserer Kultur sind jedem ersichtlich, und die zu uns Reisenden entdecken sie mit besonderer Vorliebe. Denken wir doch nur an das Aufkommen bizarrer Waschräume in den Prager Haushalten! In Wirklichkeit dürfte es aber um unsere fehlende Reife wohl doch nicht so schlecht bestellt sein.

Gewiss hat unsere Küche ein besonderes Merkmal – die Aberfülle von Mehlspeisen –, doch genauso gewiss ist es, dass unsere heutige Ernährung durch die geographische Lage und die ökonomischen Verhältnisse eisern vorbestimmt ist. Unser inmitten des Festlandes befindliches Territorium hat keine Gaben des Meeres oder der tropischen Gewächse zu bieten. Die Natur verweigerte uns Weine wie aus Bordeaux oder der Champagne, Reis oder zahlreiche Früchte westlicher und südlicher Länder, doch sie gab uns Gerstenbier, Weizen und mehr als genug Zucker. Das war unser vorgegebenes Diktat für die Gestaltung der Küche und unserer Mägen. Unseren Vorfahren haben wir zu verdanken, dass dieses Diktat mit allen Errungenschaften der Kultur erfüllt wurde. Die Ernährungslehre ist noch zu jung, um die Entwicklung der Ernährung beeinflussen zu können. Erst unlängst auf die Welt gekommen, hat sie ein weites Feld zu beackern. Gutes Gelingen! Sie wird ackern, aber nur zu jenen Feldrändern, die von anderen Faktoren vorgegeben worden sind. Diese Faktoren dürfte der von Dr. Procházka zitierte französische Arzt Martial sehr gut gekannt haben: »Ich glaube, dass es bei der richtigen Volksernährung an Geld und weniger an Anweisungen mangelt.« Die Statistik sagt uns über das Ungleichgewicht bei Ausgaben für diese wichtigen Dinge in verschiedenen Nationen gar nichts. In den Zahlenangaben ist zu finden, dass ein amerikanischer Arbeiter etwa 40 Prozent, ein Beamter etwas weniger und ein deutscher Arbeiter 52 Prozent seines Einkommens für Nahrungsmittel ausgibt usw. Es handelt sich gewiss um sehr interessante Zahlen, für das Studium der Volksernährung liefern sie aber wenig Erkenntnis. Die Art der Ernährung ist nur *ein* beeinflussender Faktor, das Ausschlaggebende sind die sozialen Verhältnisse. Die Statistik könnte wohl etwas über die Art der Ernährung aussagen, wenn sie den Menschen als Einheit in die Tabellen stellen würde – Menschen aus Regionen mit gleichen klimatischen Vorgaben, mit gleicher Art der Beschäftigung und am besten noch Menschen unterschiedlicher Nationalitäten im selben Staat. Wird die soziale Stellung außer Acht gelassen, verzerrt es das ganze Bild. Ein Beispiel sei angeführt: ein Arbeiter in einer bestimmten Region. Ein Bergarbeiter verdient 40 Kronen, ein Eisenbahner 28 Kronen, ein Wächter, Taglöhner, Arbeiter in einem Gewerbebetrieb 14 bis 18 Kronen, ein Arbeiter (ohne Deputat) auf einem großen Bauernhof 8 bis 10 Kronen pro Tag. Sie wohnen alle im gleichen Dorf oder in der gleichen Kleinstadt, haben denselben Magen und denselben Fluch der böhmischen Küche vererbt bekommen. Könnte jemand eine Statistik erstellen, wieviel Prozent seines Einkommens ein Arbeiter in unseren Verhältnissen für Lebensmittel ausgibt? Statistiken unter Beamten wären mit den gleichen Fehlern behaftet. Die Anpassung der individuellen Lebensführung hätte in derart eng gesteckten Grenzen kaum Gewicht.

Die nächste Hürde, die zu Verzerrungen statistischer Daten führt, sind die Einkommensunterschiede in verschiedenen Ländern. Es ist hinlänglich bekannt, dass ein amerikanischer Arbeiter für einen Monatslohn einen Ford-Wagen kaufen kann, für einen Jahreslohn baut er ein Einfamilienhaus. In anderen Staaten sind die Verhältnisse anders. Ein Schlüssel, der sich aus dem Verhältnis des Verdienstes und der Bewertung der menschlichen Bedürfnisse errechnen lässt, ist für den Leser solcher Statistiken sicherlich von großer Bedeutung. Das richtige Verständnis wäre nur durch direktes Vergleichen der Kosten, die dem Einzelnen das Essen verursacht, möglich, wobei man die Kosten in Werte umrechnen müsste, die im zu vergleichenden Staat üblich sind. Ein Beispiel:

Ein Mensch in Amerika, der einer bestimmten Schicht angehört, verbraucht durchschnittlich eine bestimmte Menge an Nahrungsmitteln. Ein Mensch in Tschechien aus derselben Schicht müsste für die gleiche Menge Nahrungsmittel eine bestimmte Anzahl an Kronen, das heißt eigener Währungseinheiten aufwenden. Tatsächlich wendet er einen anderen Betrag auf. Bedenkt man noch die internationalen Marktpreise all dieser Lebensmittel und multipliziert man sie mit eigens errechneten Koeffizienten der einzelnen verbrauchten Lebensmittel im konkreten Fall, kommt man zu einem Plus oder einem Minus, das durch die Qualität und Quantität der verbrauchten Lebensmittel ausgeglichen wird. Die Kochgewohnheiten spielen eine untergeordnete Rolle.

Hier setzt die Arbeit der Hygieniker an, um mit hygienischen Analysen festzustellen, wo die größten Fehler gemacht werden. Gelingt es, können wir sicherlich selbst für Abhilfe sorgen.

Das gute Beispiel ausländischer Köchinnen wird leider noch lang gutes Beispiel bleiben. Es ist kaum anzunehmen, dass unsere Hausfrauen plötzlich mit einem kleinen Korb eine Handvoll Sardinen oder ein Salzheringsfilet, einen Liter Muscheln, ein Stück Pastete oder mit Mayonnaise angerührten, fertigen Salat (10 dkg zu 4 Kronen) als Vorspeise und fertige Hauptspeisen erwerben. Genauso unwahrscheinlich ist es, dass sie einen bereits geputzten Fisch kaufen, um ihn nur in Öl anzubraten. Sobald mein Versorgungsministerium einen solchen Schritt beschließt, werde ich als Finanzminister unverzüglich zurücktreten. Jawohl, wir sind Sklaven des Mehls! Es ist allerdings nicht so aussichtslos, wie es scheint. Unsere Restaurants haben sich schon vor langer Zeit von den Mehlspeisen emanzipiert. Der Grund ist einsichtig: »kleiner Umsatz, großer Gewinn«. Oder bekommt man in irgendeinem Restaurant mehr als eine symbolische Portion Knödel serviert? Den Standard der amerikanischen Cafeterien haben wir noch nicht erreicht, obwohl es für bestimmte Schichten ein wahrer Segen wäre. In industrialisierten Städten werden solche Restaurants sicher unumgänglich sein. Sie werden aber immer nur dazu dienen, eine große Anzahl in kurzer Zeit zu verköstigen. Jene, die es sich zumindest teilweise leisten können, werden weiterhin der Gewohnheit frönen, zu Mittag und zu anderen Tageszeiten möglichst zu Hause an einem weiß gedeckten, mit einem Strauß frischer Blumen – und seien es gelbe – geschmückten Tisch zu speisen. Wir Tschechen haben für diese Unart eine besondere Schwäche, die nicht im Magen angesiedelt sein dürfte.

Unter Anwendung von Grotjahns Formel teilte Dr. Procházka die tschechische Bevölkerung in drei Gruppen ein. Die dritte Gruppe mit ihrer am wenigsten konzentrierten Kost, also die Landbevölkerung, bewertet er am besten. Bei der zweiten Gruppe, also der Mittelschicht, stellt er ein Streben nach konzentrierter Kost fest. Es bleibt also der erste Teil der Bevölkerung, dem »es bei der Wahl der Lebensmittel nicht an Mitteln mangelt« – dieser Teil strebt seinem Ruin entgegen. Für sie sind weder die Cafeterien noch Haferbrei oder Obstsuppe geeignet. Hier hilft nur das international bekannte Maßhalten. Es sind auch nicht die hundert Prozent Männer, die die

Frauen mit beispielloser Grausamkeit zwingen, die Rituale der böhmischen Küche beizubehalten und so die »reichen Familien in Städten, allen voran in Prag, in der dritten oder vierten Generation aussterben« lassen. Es sind die fünf Prozent Frauen, die in diesen Haushalten mit steigendem Erfolg ihren Willen durchsetzen, keine Familie zu gründen und sich nicht mit Kindern und dem Kochen zu plagen.

Vilémov, den 26. Oktober 1924

Ing. St. M.[11]

Sehr geehrter Herr Redakteur!

Erlauben Sie mir, mein Schwert zu ziehen und mich Frau Ma – Fa entgegenzustellen, die uns Männern nachsagt, wir seien die Bremse allen Fortschritts, nicht nur in der Küche. Wir Männer seien es, die der Abschaffung der böhmischen Küche im Wege stünden. Mit Freude stütze ich mich auf die Autorität von Dr. Procházka, was die Mädchenschulen anbelangt, obwohl ich sagen muss, dass es um die Mädchen nicht so schlecht wie um die Frauen bestellt ist. Sobald ein studiertes Mädchen zum Oberhaupt des Haushalts avanciert, ist Schluss mit allem.

Ich habe einige Erfahrungen auf diesem Feld gesammelt: Ich hatte die Gelegenheit, einigen überaus literaturbeflissenen Familien bei ihren sogenannten literarischen Mittagstischen beizuwohnen. Stellen Sie sich vor, die Gesellschaft debattiert angeregt über Tolstoi, und plötzlich stellt die übrigens auch literarisch tätige Frau des Hauses dem Schriftsteller mitten in seinen Ausführungen mit exaltiert begeistertem Gesichtsausdruck die Frage: »Maestro, sind die Semmelknödel nicht traumhaft flaumig?« Hat man sie nicht beachtet, versucht sie es etwas später erneut: »Herr Redakteur, Sie müssen die Soße nachwürzen. Ich habe unserer Anna gleich gesagt, dass da ein bisschen Salz fehlt. Meine Mutti hat übrigens immer einen Würfel Zucker hineingegeben, und das will das Mädel einfach nicht begreifen.« Ja, es sind unsere besagten »Muttis«. Mit zwanzig liest ein Mädchen O. Wilde und hat für die Mütter ein Lächeln übrig, und mit dreißig ist sie selbst genau so wie »unsere Mutti«. Es dürfte erblich sein.

Man soll mir nicht vorwerfen, dass ich generalisiere: Ich war in einer Familie, wo eines Abends die besten Künstler spielten. Die Frau des Hauses hatte sie eingeladen, weil sie eine leidenschaftliche Musikliebhaberin ist. Das hinderte sie aber nicht daran, inmitten des Brahms-Quartetts ihrer Nachbarin zuzuflüstern, dass Maria sicher vergessen wird, Zichorie in den schwarzen Kaffee zu geben, und lärmend in der Küche zu verschwinden.

Eines Tages spazierte ich mit zwei Schriftstellerinnen den Fluss entlang. Jene, die ich für das poetischste Wesen hielt, begann über Kochen und Dienstmädchen zu sprechen und hielt es eine Stunde durch, obwohl begnadeter Frühling herrschte, der Himmel blank strahlte und die Vögel in den Bäumen völlig küchenfremd zwitscherten. Und wie ist es erst um die unliterarischen Frauen bestellt!

Frau Ma – Fa malt sich das Speisen in den Cafeterien in strahlenden Farben aus – die Frau werde ihr Küchenjoch ablegen können. Frau Ma – Fa, Hand aufs Herz! Sie haben in den »Lidové noviny«[a] schon mehrmals zu verstehen gegeben, wie gut Sie Frauen kennen. Sagen Sie mir: Was würde eine tschechische Frau den ganzen lieben Tag machen und vor allem denken, hätte sie die böhmische Küche nicht? Ohne die böhmische Küche hätte sie keinen Grund, ein Dienstmädchen zu beschäftigen. Verraten Sie mir: Hinter wem würde sie den ganzen Tag hergehen und ihn belehren, wie käme der tschechische Mann dazu, auf diesen Blitzableiter aller weiblichen Allüren verzichten zu müssen? Was würden die geschätzten Gattinnen leidenschaftlich besprechen, nachdem sie mitten auf dem Wenzelsplatz stehengeblieben sind und sich hartnäckig von einem Automobil überfahren lassen wollen? Worüber würden sie sich in Kaffeehäusern unterhalten, wozu sollten dann noch Damenklubs und -vereine gegründet werden? Würden Frauen an Sitzungen der unterschiedlichsten Institutionen teilnehmen, wenn sie sich nicht vorher und nachher über den Fleischhauer, den Herd und das Dienstmädchen beschweren könnten? Stellen Sie sich vor, Frau Ma – Fa, was die tschechische Frau alles entbehren müsste! Was wäre dann mit der ganzen Rezeptliteratur? Und nun sagen Sie mir, wer eher bereit wäre, die böhmische Küche aufzugeben? Ich denke, der Mann. Schon deshalb, um sich am Mittagstisch nicht jahrein, jahraus anhören zu müssen, dass das Dienstmädchen schlampig ist, nichts kann und dass »unsere Mutti« Kunerol[b] verwendet hat.

Hochachtungsvoll, Ihr

– l –[12]

---

a *»Lidové noviny«*] (Volkszeitung) renommierte tschechoslowakische Tageszeitung.
b *Kunerol*] »Bestes Pflanzenfett aus Cocosnüssen« (so die Eigendarstellung der Firma Emanuel Khuner & Sohn, k. u. k. Hoflieferant).

Sehr geehrter Herr Redakteur,
jede Tradition, denke ich, hat ihre Gründe, und wenn die Tradition im Magen steckt, so stecken die Gründe tief im Organismus – das ist meine Meinung zur böhmischen Küche.

Das Mehl bildet die Ernährungsgrundlage für breite Schichten aus dem einfachen Grund, da es von allen Nährstoffen bei uns am reichlichsten produziert wird. Es ist also das Diktat der Natur. Die Natur diktiert allerdings nicht wie ein eigensinniger Tyrann, sondern eher als eine vernünftige Mutter – und es liegt im Interesse ihrer Kinder, auf sie zu hören. Bei uns herrschen im Winter tiefere Temperaturen als im Westen, und mehlige Speisen sind besser als fleischige dafür geeignet, eine Fettschicht aufzubauen, mit der sich der Organismus vor übermäßigem Wärmeverlust schützt. Es ist sicherlich nicht notwendig, abstoßend dick zu werden, es ist sogar schädlich. Ein gesunder Mensch wird auch nur dann dick, wenn er beim Essen kein Maß hält und vergisst, mit intensiver körperlicher Arbeit und energischer Bewegung seine Muskeln in Form zu halten. Würden wir in Skandinavien leben, hätten wir viel Lebertran auf dem Teller, der unseren Organismus mit viel Wärmeenergie speisen würde; würden wir in Russland leben, hätten wir von der Natur genügend wärmende Felle bekommen, um uns vor dem Frost zu schützen; würde der Golfstrom unsere Grenzen umspülen, müssten sich unsere Körper nicht für frostige Winter rüsten, und wir würden mehr Obst und Gemüse anbauen.

Zahlreiche Autoren sind sich einig, dass das Mehl zu Recht die Grundlage unserer Küche bildet. Ich möchte auf Prof. Chodounský[a] verweisen, den sicherlich berufensten der Berufenen, die sich mit Lebensführung befassen. Einmal sagte er zu mir: »Fleisch ist eine gute Sache, aber es genügt wenig davon.« In seinem jüngsten Artikel in »Národní listy«[b] schrieb er über die Kost in nordböhmischen Sommerfrischeorten und darüber, wie er sich in den dortigen Hotels nach unverfälschten böhmischen Schupfnudeln, Dalken, Buchteln und Liwanzen sehnte.

Worum ich die westlichen Küchen immer aufrichtig beneidet habe, das sind die Meeresfische. Noch lange vor dem Krieg las ich (Peters: England und die Engländer[c]), dass in England Fische im Wert von einer Million

---

a *Prof. Chodounský*] Karel Chodounský (1843–1931), renommierter tschechischer Arzt und Pharmakologe.

b *»Národní listy«*] (Volksblatt) einflussreiche tschechoslowakische Tageszeitung.

c *Peters: England und die Engländer*] Carl Peters: England und die Engländer. 1. Auflage Berlin 1904.

Goldmark (!) *pro Tag* gefangen werden. Man stelle sich vor, was das für die Volkswirtschaft, für die Gesundheit und die Ernährung des Volkes heißt und welche Erleichterung eine solche Menge eines idealen Nahrungsmittels, das in fünf Minuten zubereitet ist, den Hausfrauen bringt! Ich kann mich auch erinnern, wie wir Mädchen gelernt haben, dass Meeresfische reich an Phosphor sind, der für den Knochenaufbau sowie für die geistige Arbeit erforderlich ist. Aus Tabellen (Lahmann[a]), die ich in meiner Küchenpraxis zu Besprechungen mitnahm, weiß ich, dass neben Meeresfischen der meiste Phosphor in Emmentaler Käse, Erbsen, Walnüssen, Getreide und Eigelb enthalten ist. Emmentaler und Meeresfische werden bei uns nur in Feinkostläden feilgeboten, von Walnüssen geschweige denn Erbsen kann man nicht täglich satt werden, und so bleibt das Mehl (dem wir klugerweise Eigelb beimengen) der kostengünstigste Lieferant für Phosphor, den wir für unser Knochenmark und unsere Knochen brauchen. Wieder ein Grund mehr, der fürs Mehl spricht.

Neben dem Wunsch nach Abwechslung sind es die sozialen Verhältnisse, denen wir unsere Vielfalt an Mehlspeisen verdanken. Der elektrisierte und industrialisierte Westen hat Konserven und elektrische Geräte in seinen Küchen, bei uns verfügt jede größere Küche über eine Anna oder Josefina, die Erbsen klaubt, den Teig rührt und eine Stunde bei den Liwanzen steht. Sobald die Elektrisierung bei uns den Kinderschuhen entwächst und jeder Greisler[b] Regale voller Konserven zu bieten hat, werden diese Helferinnen aus unseren Küchen verschwinden, wie es im Westen geschehen ist. Wir werden statt ihnen elektrische Maschinen bekommen, denen die Kunst der Zwetschkenknödel kaum beizubringen sein wird. Ich bin fest überzeugt davon, dass wir uns zu helfen wissen und beim Kochen Zeit und Arbeit einsparen werden (was wir damit anfangen, ist ein anderes Kapitel), denn wir sind eine vernünftige und wissbegierige Nation – das haben selbst Sie, Herr Redakteur, eingeräumt, als sie so nett darüber sinnierten, wie wir beschaffen sind –, und in der Not frisst der Teufel Fliegen. Heute kocht ja auch niemand mehr nach den endlosen Rezepten einer gewissen Frau Rettigová, die den Nachsatz enthalten: »damit sich die jungen Gattinnen in Geduld üben«; ganz im Gegenteil: Es kommen

a *Lahmann*] Dr. med. Heinrich Lahmann entwickelte wissenschaftlich fundierte Naturheilverfahren, die auf unterschiedlichen (vorwiegend vegetarischen) Diäten basierten. Begründer (1888) und bis zu seinem Tod (1905) Leiter der namhaften Kuranstalt »Dr. Lahmann's Sanatorium. Weißer Hirsch bei Dresden« (ursprünglicher Name: Physiatrisches Sanatorium).
b *Greisler*] Lebensmittelhändler.

die ersten dreizeiligen Rezepte heraus, über die Herr K. Čapek geschrieben hat. Das Leben erzwingt immer das, was es gerade benötigt.

Das ist meiner Meinung nach des Pudels Kern: Aus den Naturprodukten, die wir in ausreichender Menge zur Hand haben, wählt der Organismus jene aus, die ihm am besten dienen, und verarbeitet sie so, wie es unsere sozialen Verhältnisse erlauben.

Mit einer Sache ließe sich allerdings die Ernährung unserer allerbreitesten Schichten verbessern. Es ist eine große Sache, und es müsste sich eine gewichtige Feder in ihren Dienst stellen: Wir müssten die Karpato-Ukraine[a] kolonisieren! Ich habe Äpfel zu Hause, die schöner sind als jeder Apfel, den ich je gesehen habe, und die stammen aus der Karpato-Ukraine. Falls Eva die Frucht von einem Apfelbaum gepflückt hat, um sie Adam zu reichen, so leben ihre Nachfahren mit Sicherheit in der Karpato-Ukraine – so schön sind diese Äpfel. Der Boden braucht Hände, die ihn bestellen, Herzen, die ihn lieben, und Köpfe, die über ihn nachdenken – und er wird Frucht in Hülle und Fülle geben. Bei uns herrscht Arbeitslosigkeit. Würde man die überzähligen Hände und Köpfe dorthin bringen, könnten wir nebst anderen Problemen auch den Mangel an Obst und Gemüse auf unseren Märkten beseitigen. Unsere Leute würden ähnlich den englischen Fischern aus der offenen Hand des Herrn die idealen Lebensmittel empfangen und auf unseren Tisch bringen. Obwohl wir selbst dann den Wunsch jenes englischen Königs[b] nicht erfüllen könnten, der gefordert hat, dass in seinem Reich selbst der Ärmste der Armen ein Suppenhuhn auf dem Sonntagstisch hat, so könnten wir zumindest erreichen, dass jeder Arme Sauermilch zu seinem Schwarzbrot und eine Zwetschke oder einen Apfel für seinen böhmischen Knödel hat.

L. Schieszlová[13]

Als Beitrag zur Debatte auf der Metaebene ist ohne Zweifel Stefan Grossmanns Pariser Brief zu verstehen, den das »Prager Tagblatt« am 1. Novem-

---

a *Karpato-Ukraine*] (auch: Karpatenukraine) historische Region im äußersten Westen der heutigen Ukraine, die an Polen, die Slowakei, Ungarn und Rumänien grenzt. Sie umfasst die heutige Verwaltungseinheit Transkarpatien (Zakarpatska Oblast). 1918 bis 1938 Teil der Tschechoslowakei.

b *den Wunsch jenes englischen Königs*] Heinrich IV., 1594–1610 König von ***Frankreich***, soll in einem Gespräch mit Karl Emanuel I. von Savoyen geäußert haben: »Wenn mir Gott zu leben erlaubt, werde ich dafür sorgen, dass es in meinem Land keinen Bauern gibt, der es sich nicht leisten kann, sonntags ein Huhn in seinem Topf zu haben.«

ber 1924 nachdruckte. Der Text wurde zwar für ein Berliner Periodikum geschrieben – vermutlich für den von Grossmann und Leopold Schwarzschild herausgegebenen »Montag Morgen« –, man setze aber einfach für »Berlin« (oder »Berliner«) »Prag« (oder »Prager«) oder »Wien« (oder »Wiener«) und für »1. November 1924« »1. November 2025«: Grossmann sprach einen Sachverhalt an, der an den Grund des Übels rührt, bis heute.

Wär' es möglich? …
Kleine Anfrage aus Paris
Drei Tage lang hatte ein Komitee von Sachverständigen getagt, geprüft, beraten, entschieden. Es war eine saure Arbeit. Sauer? Nein, es war eine süße Arbeit. Süß? Nein, es war eine schwere Arbeit. Schwer? Um Gottes willen, nein, es war eine leichte Arbeit.

Die Herren, die unter Führung des Generalsekretärs Lucien Klotz berieten und entschieden, unter Beteiligung des Gemeinderates von Paris, des Ministeriums für öffentliche Arbeiten und des Ministeriums für Unterricht und schöne Künste, die Herren hatten keine leichte Aufgabe. Sie sollten die besten Arbeiten krönen, die auf dem Gebiete der französischen *Küche* von den Bewerbern geliefert worden sind. Sie mußten ununterbrochen kosten, Braten und Geflügel, Pasteten und Vorspeisen, kleines Gebäck und Eiskreme. Die Leistung der Juroren ist fast so bewunderungswürdig wie die der Bewerber. Der Gaumen, ununterbrochen gereizt, verliert leicht seine feinste Empfindlichkeit. Es ist keine Kunst, *eine* Gänseleberpastete zu würdigen, aber dreißig Gänseleberpasteten!!!

Doch die ärmsten, von ihrer hohen Aufgabe erfüllten Juroren kosteten drei Tage lang, schmeckten, kauten, rochen, ließen auf der Zunge zergehen und mahlten zwischen den Zähnen. Von Zeit zu Zeit nahmen sie einen Schluck Wein, um sich zu neutralisieren. Es herrschte übrigens, so berichten die sachverständigen Zeitungsleute, merkwürdige schnelle Einstimmigkeit unter den Juroren. Man kostete einen Bissen und zwinkerte sich gleich mit den Augen zu. Unter den vielen hundert Bewerbern wurden 24 preisgekrönt. Der Laureatus – lachen Sie nicht! – Herr *Ludwig Schmitt,* hier Louis Schmitt zeichnend. Er hat vorgesetzt: eine unvergleichlich abwechslungsreiche, ganz neu zusammengesetzte Platte mit hors d'œuvres, dann Fisch-Filets à la Marquise de Pompadour (das ist Geheimwissenschaft. Wie soll der schlichte Bürger wissen, welche Fisch-Filets Frau Pompadour liebte?). Dann aber eine ganz einfache Poularde, die aber hervorragend gebraten war, braun-gold-glänzend und dabei innen blendend weiß, mit der zartesten Füllung. Diese schlichte Poularde entschied! Die Juroren blinzelten sich nicht bloß zu, sondern es geschah nach zwei Bissen etwas in der Geschichte der Küchenkrönungen noch nicht Dagewesenes: Mr. Lucien Klotz, der Vorsitzende, konnte sich nicht beherrschen. Er schnalzte vernehmbar mit der Zunge! Er schnalzte!!!

Soll ich den Sieger beschreiben? Ich sagte schon, daß er Schmitt heißt. Wie sieht er aus? Ich will einen Mann, der so herrliche braun-gold-glänzende Poularden brät, nicht kränken, aber es muß doch heraus: Herr Schmitt sieht aus, als wenn er aus München wäre. Daß er sehr dick ist, versteht sich für einen so guten Koch von selbst. Aber er hat nicht die stämmige, feste Dickheit der Fresser, er hat die weiche, etwas schwabblige Dickheit der bayrischen Biertrinker. Und er heißt Louis Schmitt. Der Laureatus der französischen Küche!!

Der zweite Sieger hat auch keinen sehr französischen Namen, er heißt Schweckler und hat gesiegt mit einem gebackenen Schinken, der auf einer mit Gansleberpastete und Trüffeln gefüllten Unterlage serviert war. Im Verhältnis zur Einfachheit des Poularden-Siegers kam der zweite mit einem raffinierten Gang. Aber die Schlichtheit siegt immer.

– –

Warum erzähle ich das?
Weil Paris diesen Wettbewerb verfolgt hat wie Berlin den Kampf der Rivalen Breitensträter und Samson[a]. Weil der Bürgermeister von Paris vertreten war und die wichtigsten Ministerien. Weil die Zeitungen Stundenberichte über den Ausgang des milden Streites publizierten. Weil man in Berlin über einen solchen Kampf um die Krönung des besten Kochs bloß lachen würde.

Was ist die Folge? Ludwig Schmitt geht nach Paris. Und das kulinarische Niveau von Berlin, durch keinen Wettbewerb aufgestachelt, weder durch Herrn Böß[b] noch durch Herrn Boelitz[c], weder durch die Zeitungen noch

---

a *Breitensträter und Samson*] Am 29. Feber 1924 traten Hans Breitenstraeter, regierender Schwergewichtsmeister des Verbands Deutscher Faustkämpfer, und Paul Samson-Körner gegeneinander an. Die zehntausend Sitzplätze des Berliner Sportpalasts hätten siebenmal verkauft werden können. »Viele Hunderte von Goldmark wurden im letzten Augenblick für Sitzplätze bezahlt, an den Kassen herrschte ein *lebensgefährliches Gedränge*. Die Schutzpolizei mußte wiederholt einschreiten, um Tausende von Schaulustigen, die keinen Platz mehr fanden, abzuwehren« (Die Stunde, Nr. 299, 2.3.1924, S. 10). Der Boxkampf dauerte sechseinhalb Minuten. Breitenstraeter ging in der dritten Runde k. o.

b *Böß*] Gustav Böß (1873–1946), von 1921 bis 1929 Oberbürgermeister Berlins.

c *Boelitz*] Otto Boelitz (1876–1951), von 1921 bis 1925 preußischer Kultusminister.

durch die öffentliche Meinung angeregt und ermuntert, dieses triste Königsberger-Klops-Niveau bleibt ewig auf gleicher Höhe oder Tiefe. Da kann es nicht vorkommen, daß ein Preisrichter vor Behagen zu schnalzen beginnt …

Wir sind ein geistiges Volk, d. h., wir verstehen uns nicht einmal auf das bißchen Essen.[14]

Und für zwei unterschiedliche Modi, im Alltag, soll heißen essend und trinkend, mit dem leidigen Thema umzugehen, seien zwei Texte angeführt, die ein Fazit der »Přítomnost«-Debatte zogen: einmal kulinarisch ignorant, einmal kulinarisch intelligent.

Die Pariser Gefahr
Zwischen den Prager und den Pariser Hausfrauen ist ein Streit entbrannt, der ausnahmsweise auch die Männer angeht. Man streitet um die Methoden der Kochkunst, und man kann, soweit von der böhmischen Küche die Rede ist, ruhig behaupten: Es handelt sich um die edelsten Güter der Nation.

Die böhmischen Knödel – Klößchen sagt man in Deutschland – sind nämlich der gewichtige Ausgangspunkt des Streites oder, um ein richtigeres Bild zu gebrauchen, die Bombe, die zum Platzen gebracht werden soll. Die Pariserinnen behaupten, das Knödelkochen sei ein unvernünftiger Heroismus der Prager Hausfrauen; es sei lächerlich und bemitleidenswert, in welchem Maße sich die Pragerinnen das Leben mit der Zubereitung von Knödeln und anderen kompakten Speisen erschweren. Die Pariserinnen verfechten den Grundsatz, das Kochen kompakter Gerichte mit seinen zeitraubenden Vorbereitungen, als da sind: die Einkäufe in der Markthalle, beim Fleischer, bei der Gemüsefrau, beim Viktualienhändler, das Schleppen der furchtbar schweren, vollgepfropften Markttasche, das Kopfzerbrechen über die Art der Zubereitung, das stundenlange Stehen am Küchenherd – das alles widerspreche allen Regeln der Lebenskunst. Die Pariserin aus dem Mittelstand steht nicht um sieben Uhr auf, wie es die Prager Hausfrau tun muß, weil sie sonst beim Einkaufen übel daran wäre. Nein, die Pariserin verläßt nicht vor halb zwölf Uhr mittag das Haus. Um diese Zeit hat die Pragerin bereits viereinhalb schwere Arbeitsstunden im Dienste des Mittagessens hinter sich. Um halb zwölf hüpft die Pariserin aus dem Haus. Die Pragerin kann nicht hüpfen, weil sie zu dick ist. Die Pariserin kauft beim Delikatessenhändler einen pikanten Fisch oder andere Kleinigkeiten, in der Konditorei etwas zum Naschen, dazu kommt noch der Käse und das Obst, und das Menü ist fertig. Der ganze Einkauf dauert eine Viertelstunde, die Zubereitung und das Servieren nicht viel länger. Man wird mittags nicht sehr satt, aber der gröbste Hunger ist gestillt, und das ist die Hauptsache. Wer gefräßig ist, kann eine Stunde später wieder eine Kleinigkeit zu sich nehmen. Diese Methode hat nicht nur den Vorteil, daß die Hausfrauen mit der Vor- und Zubereitung des Essens nicht ihr halbes Leben verbringen: Man wird bei dieser Lebensweise nicht dick, und das ist ein noch größerer Vorteil.

Die Mehrzahl der Tschechinnen fühlt sich verpflichtet, die schwere Kost zu verteidigen, so leidvoll die Zubereitung auch sein mag. Alle Argumente der Pariserin hat kürzlich eine tschechische Dame in Paris in einem einzigen Satz unvergleichlich prägnant widerlegt: »To nic neni pro naše české žaludky« (Das ist nichts für unsere tschechischen Mägen). Nun gibt es aber Pragerinnen, die sich auf den Pariser Standpunkt stellen. Die Hausfrauen sind in zwei Lager gespalten. Welche Partei wird siegen? Ist das Ende des böhmischen Knödels gekommen? Das wäre das Ende.

aeo.[15]

Geschichte des Schweinebratens

In Prag wird jetzt ein merkwürdiger, literarisch-gastronomischer Streit ausgetragen. Eine der angesehensten tschechischen Revuen, die von dem begabtesten unter den jungen tschechischen Schriftstellern, Peroutka, geleitete Wochenschrift »Přítomnost« (Die Gegenwart), hat die Frage zur Diskussion gestellt, welche Küche mehr Vorzüge habe, die böhmische oder die französische. Sie hat damit eine sehr empfindliche Seite aller patriotischen Herzen berührt; warum sollte auch gerade die Vaterlandsliebe von der Anwendung auf das Gesetz ausgeschlossen sein, daß die Liebe durch den Magen gehe?

Solange die Sympathie für Frankreich nur politischer Natur war, und über diplomatische Trinksprüche und Zeitungsartikel nicht hinausging, hatte die Tradition der böhmischen Küche keinen Angriff zu fürchten. Aber Paris ist, seit einigen Jahren, aus mancherlei Gründen in eine bevorzugte Mode gekommen, und mancher böhmische Magen, der vordem in Paris nach wenigen Tagen einer unüberwindlichen Sehnsucht nach den Töpfen auf dem heimatlichen Herde erlegen war, hat sich jetzt dort akklimatisiert. Ja, nicht genug daran, es gibt solche, welche plötzlich der böhmischen Küche den Krieg erklärt haben, und die Art, wie man in Frankreich kocht und speist, als eine für ihr Land notwendige Reform hinstellen. Der böhmischen Küche wird Fülle, Schwere und Trägheit vorgeworfen: die Hausfrau sei dazu verdammt, den ganzen Tag beim brodelnden Herde zuzubringen, der Speisezettel und die Rezepte seien ein Terror, die böhmische Küche mache dicke Bäuche und faules Blut; die Saucen seien zu kompliziert, die Mehlspeisen zu üppig, die Knödeln eine Last für den Magen und für die Eingeweide; die Frauen hierzulande seien daher auch dick, wie persische Haremsdamen, melancholisch und reizbar, sie seien die armen Sklavinnen einer beinahe barbarischen Küchen- und Kochsitte. Man sehe sich hingegen die sprichwörtlich quicke, quecksilberne, unverwüstlich heitere, schlanke, schmalhüftige Pariserin an, die alle Tugenden dieser Beiwörter der Pariser Küche verdanke, die beinahe nichts anderes sei als ein bißchen angerührte Luft und doch den Hunger stille. Eine auf französische Art servierte Sardine zum Mittagessen sei mehr wert als die kompakte Prozession eines böhmischen Menüs mit den vielen Schüsseln, auf denen sich Fleisch, Würste, Kraut, Knödeln, Kartoffeln und Buchten häufen. Die so arg justifizierte Küche fand natürlich auch erregte Fürsprecher, denn nicht jeder kann in Paris gewesen sein, und aus Begeisterung für schlanke Frauen oder weil ihm einmal Austern und Auberginès besonders geschmeckt haben, plötzlich zum Enthusiasten für den Esprit der französischen Küche werden. Aber so warm auch die Rhetorik der Anwälte für die böhmische Küche war, und wenn sie vielleicht auch ein paar stichhaltige Hinweise auf das Klima, auf den Mehlreichtum des Landes usw. erbrachte, die Diskussion kam eigentlich nie aus der Sphäre rationeller Sentiments heraus; es war eine Diskussion des Appetits der Speicheldrüsen und der Eingeweide. Und doch ist, nach Demokrit, jenem Philosophen, der sich wieder ganz modern liest, der Magen das Zentrum aller Dinge.

Nein, es bedarf wahrlich keiner Herbeiziehung philosophischen Geschützes, um die Auseinandersetzung zwischen der französischen und böhmischen Küche nach einer Seite hin zu entscheiden; es genügen vielmehr ein paar geschichtliche und ökonomische Betrachtungen. Aber die wollen – wirklich! – ernst genommen sein. Knödel und Schweinebraten, die plötzlich so heftige Gegner gefunden haben, haben ihre eigene Geschichte. Und wenn sich noch kein Historiograph gefunden hat, so beweist das höchstens, daß sich die Geschichtsforscher gern mit allerlei zweifelhaften mythologischen Figuren und Helden beschäftigen, aber den meisten anderen Dingen, die, wie sich zeigen wird, nicht weniger beachtenswert sind, nur wenig Teilnahme zuwenden.

Ich berufe mich zunächst auf einen berühmten Mann und auf sein berühmtes Buch: Friedrich List und sein »Nationales System der politischen Ökonomie«. Dort kann man lesen, warum England zur Zeit der Königin

Elisabeth reich und mächtig zu werden begann: Die Engländer führten damals die Schafzucht ein und brachten die Wollfabrikation in Schwung; das Schwein, dessen Zucht dem Bauer so bequem war, verschwand von Flur und Tisch. Vorher lieferte die Schweinezucht, wie in allen nichtkultivierten Ländern – »wie heute noch in Deutschland«, meint List – das Hauptnahrungsmittel an Fleisch. Das Schwein bedarf nur geringer Wartung, es sucht sich sein Futter selbst, es findet es in den Wäldern und unangebauten Feldern, und man muß nur eine geringe Zahl von Mutterschweinen überwintern, um im folgenden Jahr wieder ansehnliche Herden zu haben. Es ist gar keine Frage: Dort, wo der Schweinebraten beliebt ist, dort haben lange Kriege und schlimme politische Verhältnisse eine geordnete Landwirtschaft nicht aufkommen lassen. Man darf freilich nicht heutige Maßstäbe anlegen, denn heute ist die Schweinezucht kein Betrieb mehr, den man dem Walten des lieben Gottes anvertraut, außer vielleicht in einigen Gegenden Polens, Serbiens und der Slowakei; aber wenn den Speisezettel in Bayern und in Böhmen so häufig das Schwein ziert, dann beruht diese Tatsache auf einer geschichtlichen Tradition: Hussitenkriege und der Dreißigjährige Krieg haben die Landwirtschaft vernichtet und verödet; es blieb dem Bauer nur das Schwein, das weder Stall noch Feld, noch bestellte Weide braucht. Die Küche, in der das fette Schwein briet, erfand aber auch den Knödel und das Kraut als die logische Garnitur der Hygiene. Nach Jahrhunderten, als sich längst auf Trümmerhaufen und Schlachtfeldern Dörfer und fruchtbare Felder ausbreiteten, war dem Speisezettel noch immer der Charakter abzulesen, den ihm eine frühere Zeit aufgezwungen hatte. Verlorene Jahre lassen sich nicht einbringen; die Geschichte trägt sie sogar in das Rezeptbuch der Küche ein. Kein Patriot sollte darum Schweinswurst und Knödel leichtfertig als nationale Eigentümlichkeiten rühmen. Es könnte ihm jemand antworten: »Lieber Freund, lassen Sie die Heldengeschichten Ihrer Vorfahren; sie haben Sie zu dem Schweinebraten verdammt, der zwar Ihre Brauindustrie befördert, aber Ihre Frauen dick, melancholisch und reizbar gemacht hat. Die Französin hingegen …«

Walter Tschuppik[16]

Ladislav Prokop Procházka (1.5.1872 Leitomischl/Litomyšl–12.10.1955 Praha/Prag). Studium an der Medizinischen Fakultät der Karlsuniversität in Prag, 1896 Promotion. Weitere Studien in Wien, Schwerpunkte: Sozialmedizin, Prävention, Hygiene. 1909–1935 Leiter des Prager Gesundheitsamts. In der ersten Beamtenregierung der Tschechoslowakischen Republik in den Jahren 1920–1921 Gesundheits- (15.9.1920–26.9.1921) sowie Volksversorgungsminister (25.4.1921–26.9.1921). Vertreter der Tschechoslowakischen Republik beim Internationalen Hygieneamt in Paris. Auf seine Initiative hin und nach seiner Planung Errichtung des Prager AHKs Na Bulovce. Reges gesellschaftliches, kulturelles und soziales Engagement. Entwarf Sozialwohnbauten, frequentierte die legendären Freitagstreffen (»Pátečníci«, Intellektuellenzirkel um die Brüder Karel und Josef Čapek, dem u. a. T. G. Masaryk, Edvard Beneš, Ferdinand Peroutka, František Langer, Karel Poláček und Arne Laurin angehörten), publizierte zu gesellschaftspolitischen Themen. Hervorragender Musiker und Komponist. Seine kammermusikalischen und Orchester-Werke wurden von der Tschechischen Philharmonie, seine Opern im Prager Nationaltheater aufgeführt.

Zeitgenössische Tortendekoration: »Berliner Frucht-Torte« (oben), »Pariser Kaffeecreme-Torte« (unten).

BERNHARD LAMBRECHT:

Wer das Material verdirbt, ist ein Pfuscher!

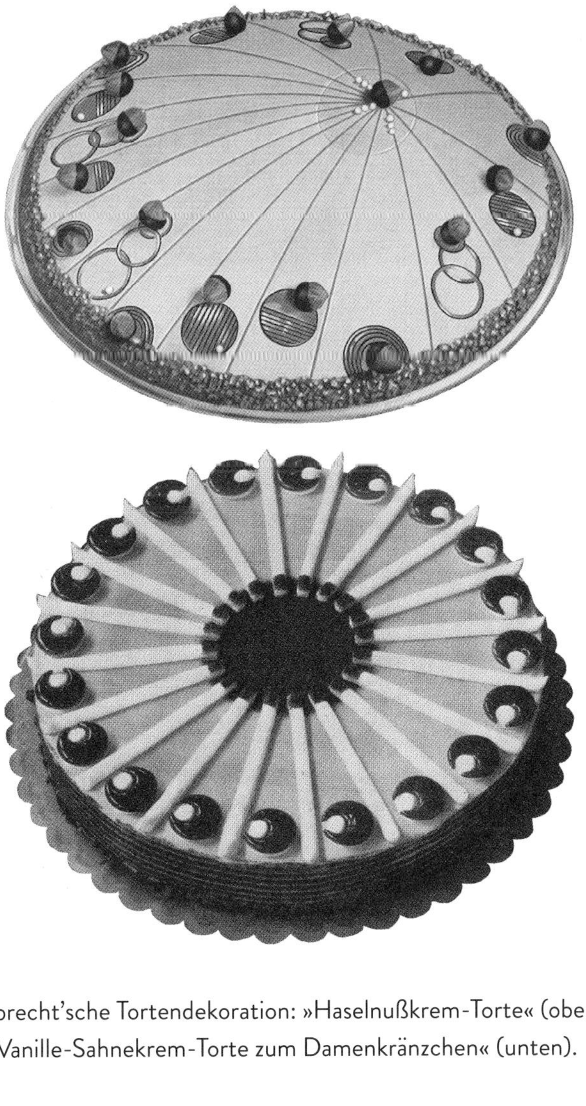

Lambrecht'sche Tortendekoration: »Haselnußkrem-Torte« (oben), »Vanille-Sahnekrem-Torte zum Damenkränzchen« (unten).

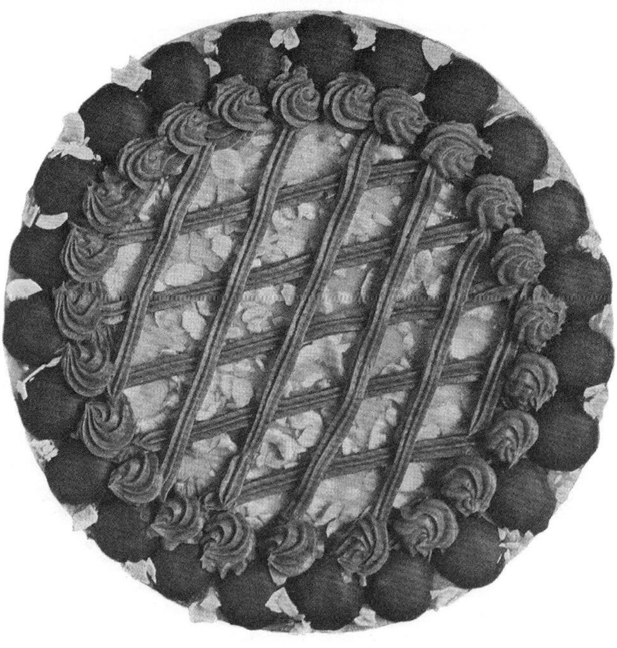

Zeitgenössische Tortendekoration: »Ausschnitt-Torte für Ostern« (oben), »Palisandertorte« (unten).

Lambrecht'sche Tortendekoration: »Mandel-Butterkrem-Torte zum Erntedankfest« (oben), »Nugat-Butterkrem-Torte zum Muttertag« (unten).

Zeitgenössische Kakaomalerei: »Faschingstorte« (oben),
Lambrecht'sche Kakaomalerei: »Torte mit neuzeitlicher Kakaomalerei« (unten).

Zeitgenössischer Mandelberg (oben), Lambrecht'scher Mandelberg:
»Ohne Zierat / Durch gute Proportion schön« (unten).

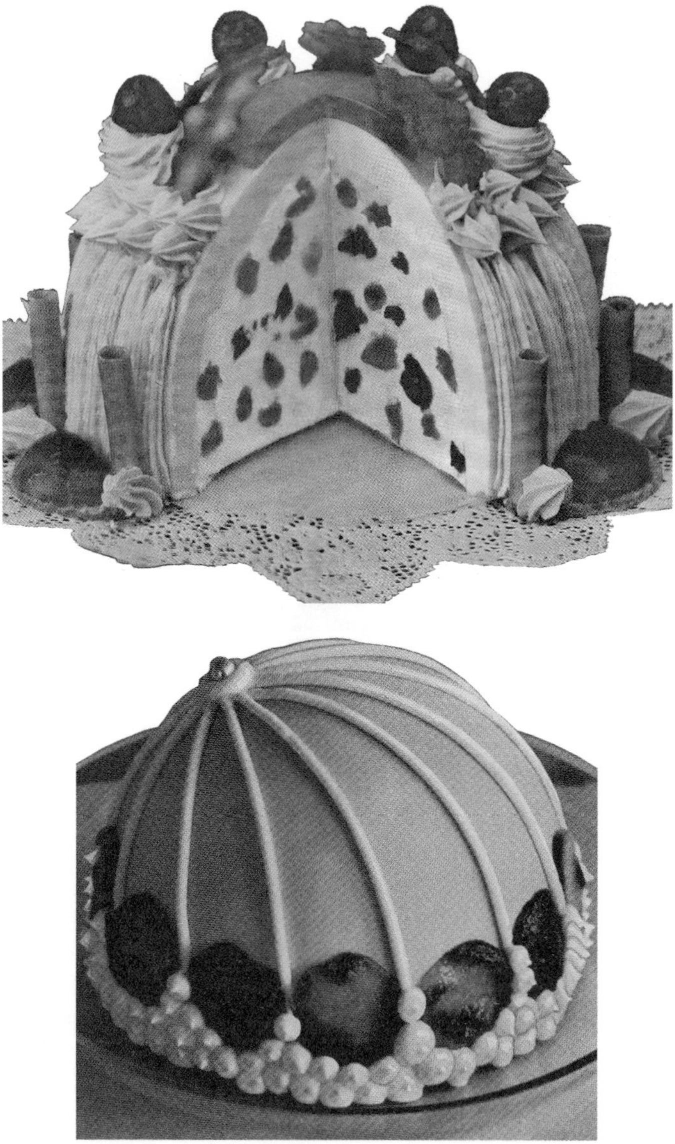

Zeitgenössische Eisspeise: »Jubiläumspeise« (oben),
Lambrecht'sche Eisspeise: »Maraschino-Biskuiteis« (unten).

In der Konditorei gibt es eine Zeit *vor* Bernhard Lambrecht und eine Zeit *nach* Bernhard Lambrecht. Die Zäsur fällt ins Auge, der Unterschied ist mit Händen zu greifen.

Sohn eines Konditors, absolvierte Lambrecht, Jahrgang 1897, nach Abitur (1916) und Fronteinsatz eine Lehre im väterlichen Betrieb, um dann an den Kunstgewerbeschulen in Stuttgart und Braunschweig Antworten auf die Fragen zu suchen, die ihn seit den frühen 1920er-Jahren umtrieben: Wie lassen sich die Ideen des Deutschen Werkbunds und der Weimarer resp. Dessauer Bauhausschule, die in den freien Künsten und im Kunstgewerbe Platz zu greifen beginnen, auf das Konditorhandwerk anwenden? Wie hätte eine modernistisch gefertigte und gestaltete Torte, eine Eisspeise, ein Dessertstück, ein Schaustück oder gar ein Schaufenster auszusehen? Kein Schimmer davon in den Curricula der bestehenden Konditorenfachschulen, keine Spur in Fachzeitungen und Fachbüchern.

In der Leipziger Hofkonditorei »Fürst Reichskanzler« konnte Lambrecht erste Ideen in die Praxis umsetzen. Konditorobermeister Ernst Fischer hatte ein offenes Ohr für seinen Garniteur und späteren Werkmeister und ließ ihn neue Wege erproben. Das Wohlwollen seines Chefs und die freudige Auf- und Annahme seiner neusachlichen Kreationen durch die Kundinnen bestärken den jungen Meister darin, seinen Weg unbeirrt weiterzugehen und Nägel mit Köpfen und – darum kreisten seine Gedanken seit seinen ersten Erfolgen – Schule zu machen. Im Herbst 1927 nahm sein Plan zur Errichtung einer Lehrstätte für innovatives Konditorenhandwerk Form an.

Am 27. November 1927 erschien ein erstes Inserat im »Amtlichen Fachblatt des Deutschen Konditoren-Bundes«, »Die Konditorei«, das die Eröffnung einer Konditoreifachschule ankündigte. Als die »Privatschule für Neue Konditoreikunst Bernhard Lambrecht, Wolfenbüttel-Braunschweig« am 3. Jänner 1928 ihre Pforten öffnete, warteten ganze vier Schüler auf Einlass. Indes, die Zahl der Lehrgangsteilnehmer, auch jener aus dem Ausland, stieg von Monat zu Monat. Im Juli waren es bereits 25. Das Jahr 1929 brachte eine sprunghafte Erhöhung der Schülerzahl: über 40.

Die Lambrecht-Schule verstand sich nicht als Hort der Verschwörung gegen das Althergebrachte, sie war, ganz im Gegenteil, ungemein rührig und suchte das Licht und die Aufmerksamkeit der Öffentlichkeit. Und das Interesse war beträchtlich. Achthundert Personen sahen die Schülerarbeiten, die bereits Mitte März 1928 an zwei Tagen in »Leistes Festsälen« präsentiert wurden. Anfang September 1928 beteiligte sich die Schule an einer Fachausstellung des Magdeburger Konditorgehilfenvereins. Von 6. bis 14. Oktober präsentierte sie sich auf der »DEFAKO«, der großen »Deutschen Fachgewerblichen und Kochkunst-Ausstellung« des Deutschen Gastwirte-Verbandes in Hannover, wo sie mit der »Goldenen Medaille« ausgezeichnet wurde. Am 24. November präsentierte sie sich in kleinerem Rahmen, im Marmorsaal des Wilhelmsgartens, wieder dem Braunschweiger Publikum.

Zuspruch aus den Reihen der Zunft gab es von Anbeginn. Die Kollegen sparten bei Besuchen der Wolfenbütteler Schule nicht mit privaten Sympathie- und Freundschaftsbezeugungen, manch einer tat seine Begeisterung auch öffentlich kund, und das im meinungsbildenden Zentralorgan, »Die Konditorei«.[1] Spaltenlange bebilderte Berichte in den Tageszeitungen anlässlich der Berliner Konditoren-Messe, die im Februar 1929 in den Zoo-Gaststätten stattfand, verschafften der Lambert-Schule breite Aufmerksamkeit. Im Lauf des Jahres stellte sich Besuch aus Schweden, Dänemark, England, der Schweiz, der Tschechoslowakei, Jugoslawien und den USA ein. Jeder zehnte Schüler kam inzwischen aus dem Ausland.

Zu Weihnachten 1929 erschien Lamberts Programmschrift: »Vom neuen Stil in der Konditoreikunst«.

GRUNDSÄTZLICHES

Aus einer Wirrnis der Jahre nach dem Kriege, welcher einschneidende Umwälzungen in Staats- und Gesellschaftsformen, im Wirtschafts- und Geistesleben im Gefolge hatte, entwickelte sich unaufhaltsam ein *neuer Zeitgeist*. Er kennzeichnet sich durch Klarheit und Sachlichkeit, die all unser Denken und Handeln durchdringen. *Allem beginnt die neue Zeit ihren Stempel, ihren Stil aufzudrücken.*

•

Klarheit und *Sachlichkeit* sollen auch unsere Konditorei-Erzeugnisse auszeichnen. Wir müssen sie in jeder Beziehung der Jetztzeit anpassen, *auch* ihrem Aussehen nach. Dieser *schmückenden* Seite unseres Berufes ist vorliegendes Buch gewidmet. Es will einen *Neuen Stil* in der *Konditoreikunst* vor Augen führen, der im Zeitstil bodenständig ist.

•

Zunächst, was *ist* Konditoreikunst? Es ist eine »Kunst«, sagt man beispielsweise, in einer Stunde 100 Petits fours anfertigen zu können, es ist eine »Kunst«, hierbei wenig Abfall zu verursachen, es ist eine »Kunst«, die richtige Geschmackszusammenstellung zu treffen, es ist eine »Kunst«, die Stückchen von Anbeginn musterhaft appetitlich herzustellen, und ... es ist eine »Kunst«, sie wirklich schön auszuschmücken. In solchen Zusammenhängen bedeutet das Wort »Kunst« erstens: geübte und geschickte Handfertigkeit, zweitens: rationelle Arbeit, drittens: gastronomische Kompositionsgabe, viertens: peinlichste Sauberkeit, und fünftens: künstlerische Fähigkeit, ästhetisch ausgeprägtes Empfinden. Diese *fünf* Attribute handwerklichen Könnens sind untrennbar miteinander verbunden und können als *Konditoreikunst in weiterem Sinne* bezeichnet werden. *Die ersten vier* bilden das Fundament für das *fünfte* Attribut, und *dieses fünfte* ist *Konditoreikunst in engerem Sinne*, von deren *Neuem Stil* hier die Rede sein soll.

•

Wir Konditoren sind im Besitz von reichem Schmuckmaterial. Ich nenne nur Marzipan, Fondant, Karamel, Marmelade, Schokolade. Wir können dieses Material gestalten! Wer will uns verwehren, daß wir damit schön und künstlerisch gestalten? Wer will uns verwehren, daß wir als Kinder unserer Zeit *neuzeitlich, im Neuen Stile* gestalten? Die Bezeichnung »Kunst«, das heißt *handwerkliche Zweckkunst*, können und wollen wir Konditoren für unsere Erzeugnisse mit Recht in Anspruch nehmen. Der Einwand, dieselben seien doch schnell vergänglich, schmälert diesen Anspruch keinesfalls. Auch die Natur, unsere große Lehrmeisterin, schafft Kunstwerke, denen oftmals – wie im Blumenreich – nur eine Lebensdauer von wenigen Stunden beschieden ist.

•

Das Konditorenhandwerk ist unermüdlich bestrebt, neue Backwerke und Geschmackszusammenstellungen zu ersinnen, Gerätschaften, Maschinen zu erfinden und jede Errungenschaft der Neuzeit sich dienstbar zu machen. Doch was die *schmückende* Ausgestaltung vieler Backwerke, was die Art der Schaustücke anbetrifft, so hat man bisher noch zu sehr am Althergebrachten festgehalten. Barock- und Rokokostil geistern aus Zeiten, in denen die eigentliche Wiege der Konditorei stand, noch immer herüber. Immer noch entstehen kitschige, materialvergewaltigende Gebilde aus Marzipan und Zucker, wie sie an den Fürstenhöfen im 18. Jahrhundert gang und gäbe waren. Wo sonst als im Rokoko sollten unsere oft überreich verzierten und verschnörkelten Erzeugnisse ihren Ursprung haben? Man denke nur an den dafür typischen Makronenaufsatz in seinen mannigfachen Variationen. Überladen mit künstlichem Beiwerk in Form von Tragantengeln[a], Stoffgräsern und bunten Seidenpapierchen, wies er mehr *Ver*-Zierung als wohlschmeckende Masse auf, die ohnehin noch mit meist dunkelfarbigem Schmelzzucker an einem Holzstock verklebt war. Man denke an die mit Belegfrüchten überladenen Torten, die sich gar nicht schneiden ließen, oder an die Aufbautorten, die Geduld und Geschicklichkeit erforderten, das fachfremde, »ausschmückende« Drum und Dran abzumontieren. Man denke an die oft schier unmöglichen Schaustücke, an die Liebesgrotten und Tempel aus Spritzglasur oder Tragant. Der alte Stil kennzeichnet sich noch heute durch derartigen Talmischmuck.

•

Der *Neue Stil* ... er will *anderes! Sein* höchstes Gebot ist die *Zweckkunst*, oder übertragen ins Konditorliche: zeitgemäße, erstklassige, wohlschmeckende Erzeugnisse, so ausgeschmückt, daß der Schmuck nicht als unästhetisch, sinnlos empfunden wird, sondern in harmonischem Zusammenhange steht mit dem jeweiligen Gebäck. Der *Neue Stil* gibt keine Rätsel auf; was ist eßbar? was ist nicht eßbar? was ist *»nur«* Verzierung? Er will nichts vortäuschen, nichts verdecken, was hätte besser sein müssen. Unakkurate Arbeit wird bei ihm unerbittlich gebrandmarkt, kann nicht vertuscht werden durch irgendwelchen Verlegenheitsschmuck. Die Gefahr, auf Holz zu beißen, das mit Kuvertüre überzogen war, oder ein Stück Marzipan wegzuwerfen, in der Annahme, es wäre kraft seiner Farbenpracht künstliches Beiwerk, diesen Unannehmlichkeiten ist man beim *Neuen Stil* nicht mehr ausgesetzt. Energisch und nachdrücklich stellt er seine Forderungen an *all* unsere Erzeugnisse ... auch an das Schaustück. Das *Neue Schaustück* offenbart vor allem den *Konditor*. Es zeigt, wie dieser *sein* Material künstlerisch zu meistern versteht. Die Begründung: es ist ja nur Schaustück, braucht ja nicht zum Essen zu sein, heiligt weder Mittel noch Vorbild. Jeder Handwerker ist stolz, in *seinem* Werkstoff höchste Vollendung zu erringen, und wir? Wir sollten Zeit darauf verwenden, unsere Vollendung im Basteln von Pappgefügen oder Holzgerüsten zu zeigen, die wir schließlich mit Spritzglasur bespritzen, mit Kuvertüre überziehen oder mit Marzipan überkleben? Auch in dem Schaustück soll man seinen Schöpfer, den *Konditor* erkennen! Aus irgendeiner Plastikmasse nackte Frauengestalten, Schlangen, Raubvögel, Tischlampen und was der unmöglichen Dinge mehr sind zu fabrizieren, sie nachher recht schön und recht reichlich mit Farbe anzupinseln, dazu, scheint mir, braucht man nicht *Konditor* zu sein.

---

a *Tragant*] An der Luft aushärtender Saft von Astragalusgewächsen. Quillt, mit Wasser versetzt, zu einer geschmackfreien Gallerte auf. Fand in der Süßwaren-Industrie, in Konditorei und Bäckerei und als Eisbindemittel vielseitig Anwendung.

•

Der Neue Stil – man mag einwerfen, was brauchen wir überhaupt einen *Stil* im Ausschmücken unserer Erzeugnisse – ihr Geschmack, nicht ihr Aussehen ist die Hauptsache! Ja gewiß, aber was das *Auge* verneint, nimmt der *Magen* nicht an! Der vorzügliche *Geschmack* ist Grundbedingung. Auf dieser Binsenwahrheit baut ja der Neue Stil seine Gesetze auf. Er verlangt, daß der Schmuck den Geschmack nicht beeinträchtigt oder gar illusorisch macht. Eines darf das andere nicht ausschließen, sonst kann von *Neuer* Konditoreikunst, von *Neuem Stil* keine Rede sein. *Die Zunge* – die Materie – soll *uneingeschränkt* zu ihrem Recht kommen, darüber hinaus aber in gleicher Weise auch *das Geistige*, die tief in der Menschenbrust verankerte Freude am Schönen.[2]

Ausdruck des handwerklichen Ethos des Schulleiters, war der apodiktisch formulierte Thesenanschlag jedoch nicht in Stein gemeißelt. Die Regeln standen nicht ein für alle Mal fest, Lambrechts Schaffen war ein »work in progress«. Der Unterricht war ständig im Fluss, begierigster Lernender, unausgesetzt auf der Suche nach neuen Erkenntnissen, war der Meister selbst. Was seiner strengen Überprüfung nicht standhielt, wurde ausgeschieden. Das Zuckerhutmeißeln[a] etwa wurde anfangs noch betrieben – unter der Bedingung, dass die Ausgangsform, der Zuckerhut, erkennbar blieb –, 1933 aber aus dem Lehrplan gestrichen und aus dem Konditorhandwerk verbannt. Mochte er als Bildhauer nun ausgedient haben, seine plastischen Fähigkeiten konnte der Konditor immer noch beim Marzipan-Modellieren erproben.

Da die Schülerzahl weiterhin stieg und die technische Ausstattung des Schulgebäudes nicht den Anforderungen des praktischen Unterrichts entsprach, wurde Anfang 1931 der Umzug in einen geeigneten Neubau beschlossen. Am 1. Oktober 1931 wurde die in kürzester Bauzeit errichtete moderne Werkschule, ein langgestreckter Klinkerbau mit Flachdach, bezogen – allerdings nur mehr von 28 Schülern, halb so vielen, wie noch im März des Jahres eingeschrieben gewesen waren.

---

a *Zuckerhutmeißeln*] Eine Disziplin, die zum Konditor-Curriculum gehörte. Es galt, mit Spezialmeißeln und Schlägel und mithilfe eines Meißelbocks aus dem Zuckerhut Skulpturen zu modellieren. Der Zuckerhut – zu einer (sehr) festen Masse gegossener Zucker in Form eines an der Spitze abgerundeten Kegels – war bis ins ausgehende 19. Jahrhundert die gängige Vertriebsform für Zucker, bis diese von Würfel- und Streuzucker (»Kristallzucker«) abgelöst wurde. Hutzucker musste für den alltäglichen Konsum mit Zuckerhämmern, Zuckerbrechern oder Zuckerhacken erst mühsam zerkleinert und anschließend in Mörsern und mit Sieben mit unterschiedlichen Maschenweiten küchenfertig gemacht werden.

BERNHARD LAMBRECHT
PRIVATSCHULE FÜR NEUE KONDITOREIKUNST
WOLFENBÜTTEL—BRAUNSCHWEIG-

Herrn W. Böttcher,
in Konditorei Dörfler
Stettin.

Sehr geehrter Herr Böttcher !

Besten Dank für Ihr Schreiben vom 29.Oktober.Nun lässt sich aus demselben nicht genau ersehen,welche Werkzeuge Sie wünschen und biete ich Ihnen hiermit an:

1 Satz = 8 Stück Spezialmeissel für Zuckerhutbearbeitung inklusiv Porto u.Verpackung M 17,50.

oder

1 kompl. Zückerhutmeisselwerkzeug bestehend aus:
8 Spezialmeissel
1 Meisselbock
1 Raspel
1 Schlegel
1 Hobel
1 Zirkel
1 Taster
1 Hartblei
2 Steine
1 Pinsel
inklusive Porto & Verpackung M 34,80 .

Wollen Sie mir nun bitte Nachricht geben,was ich Ihnen senden soll.

Hochachtungsvoll
BERNHARD LAMBRECHT
PRIVATSCHULE FUER NEUE KONDITOREIKUNST.

Wolfenbüttel,den 2.11.28.

POSTSCHECKKONTO HANNOVER 40528 · FERNRUF 514 · BANKKONTO DEUTSCHE BANK ZWEIGSTELLE WOLFENBÜTTEL · TEL.-ADR.-KONDITOREIKUNST WOLFENBÜTTEL

Der Konditor als Bildhauer: Ausrüstung fürs Zuckerhutmeißeln.

Die Konditoren hatten unter der Wirtschaftskrise noch mehr zu leiden als andere Gewerbe. Ihre Erzeugnisse – für die breite Masse ohnehin unerschwinglich – galten als Luxusartikel und damit als entbehrliche Genüsse. Der Großteil der Menschen kämpfte um die Sicherung der schieren Kalorienzufuhr, um das Stillen des Hungers. Die Krise war hartnäckiger als die Ambitionen zahlreicher arbeitsloser Konditoren, die zunächst noch versucht hatten durchzutauchen, indem sie ihre Ersparnisse in Weiterbildung an der »Privatschule für Neue Konditoreikunst« investierten.

Mochte die Lehranstalt in Wolfenbüttel auch schwere Zeiten durchmachen und nur mit der Unterstützung treuer Gönner über die Runden kommen, die fachliche Entwicklung wurde unverdrossen vorangetrieben. In den frühen 1930er-Jahren wurden die Grundlagen für die noch in den 1950ern gültige Tortengarnierung erarbeitet. Die Strahlkraft der Lambrecht-Schule war ohnehin ungebrochen. Auf der Berliner Konditoren-Messe von 23. bis 26. Oktober 1931, zu deren Beschickung man die Schule abermals eingeladen hatte, war sie mit ihrem neuartigen Ausstellungsarrangement – keine gedeckten Tische mehr, sondern aufeinander abgestimmte quadratische Ausstellungstische in Silber, Gold, Weiß, Mokka, Beige und Ziegelrot mit jeweils bloß einem Schaustück und ansonsten nur Verkaufsware in klarer, übersichtlicher Anordnung – *der* Anziehungspunkt. »Alles in allem genommen bewies die Ausstellung der Schule, daß der Begriff der Lambrechtschen Zweckkunst das konditorliche Schaffen in gänzlich neue Bahnen bringt und daß er auch diesem Gewerbe den Anschluß und das Einfügen in die Bestrebungen der Gegenwart ermöglicht, ohne dabei auf handwerkliche Eigenart und deutschen Meistersinn zu verzichten.«[3] Absolventen aus aller Herren Länder machten die Lambrecht-Schule durch Erfahrungsberichte in den Fachzeitungen ihrer Heimat international bekannt. Der Londoner Fachverlag Maclaren & Sons brachte Lambrechts Buch »Vom neuen Stil in der Konditoreikunst« in Englisch heraus (»The New Style of Confectionery«) und lud den Autor Ende Oktober 1931 zu einer Vortragsreise ein, die ihn nach Glasgow, Edinburgh, Aberdeen, Dundee und Kilmarnock führte.

Auch der Wiener »Konditor«, das »Zentralorgan Österreichs für die Zuckerbäckerei, Lebzelterei, Kanditenerzeugung, Schokolade-, Tragant- und Zuckerwarenfabrikation sowie deren verwandten Gewerbe«, registrierte die reformerischen Aktivitäten der Lambrecht-Schule aufmerksam. Bereits kurz nach deren Eröffnung erwähnte sie der Deutschland-Korrespondent sehr wohlwollend: »In den Fachkreisen der deutschen Konditoreien macht sich eine Bewegung bemerkbar, welche die *Einführung eines modernen Stils in das Konditorhandwerk*[a] bezweckt. Natürlich sind auch viele Gegner einer solchen Modernisierung auf dem Plan erschienen, die es nicht wünschen, daß neuzeitliche Kunstbestrebungen neue Formen und Gestaltungen der Konditorwaren erzwingen.«[4] In der nächsten Nummer ein Plädoyer, sich »am modernen Kunstgewerbe« zu orientieren. »Sachlichkeit, Klarheit, Einfachheit« seien nicht nur große Mode,

a Hervorhebung (Kursivierung) im Original.

sondern müsse »das Ziel der Zukunft« sein.[5] Drei Monate darauf unter dem Titel »Der neue Stil im Süßwarengewerbe« neuerlich ein Aufruf an die Kollegenschaft, »sich in das große neue Formstreben der Jetztzeit einzugliedern«.[6] Lambrechts Programmschrift »Vom neuen Stil in der Konditoreikunst« wurde in der »Bücherschau« des »Konditors« in den höchsten Tönen gelobt, der »Neue Stil« nachdrücklich zur Nachahmung empfohlen und das Buch vom Verlag des Wiener Fachblatts in Österreich vertrieben.[7]

Anfang 1929 waren im »Österreichischen Zentralorgan« erstmals Arbeiten der Lambrecht-Schule zu sehen, die der Deutschland-Korrespondent besucht hatte. »Die Ausbildung, die von dem Fachschulinhaber geleitet wird, erfolgt in *allen* Teilen unseres Berufes. Moderne Maschinen, helle Arbeitsräume, praktische Geräte und eine eingehende Unterweisung bieten Gewähr, daß der fachliche Unterricht in der bestmöglichsten Form erteilt wird. Ein Beweis von dem Erfolg des Lehrsystems gibt der im Herbst veranstaltete erste Meisterkurs, bei dem alle Teilnehmer ihre Meisterprüfung bestanden haben«, referiert Julius Markaritzer, der zu berichten weiß, daß die Schule, die »nicht gerade mit großer Begeisterung empfangen« worden war, inzwischen »einen ausgezeichneten Ruf« genieße, auch im Ausland. »In der Fachschule Lambrecht wird tatsächlich etwas Neues gezeigt und gelehrt. Jeder Besucher kehrt mit den allerbesten Eindrücken heim und wünscht nur, daß die Fachschule verdiente Anerkennung und Unterstützung erfährt. Bei der kommenden Frühjahrsmesse der Berliner Konditoren wird die Fachschule Lambrecht eine Sonderausstellung veranstalten, die bereits in den Fachkreisen des In- und Auslandes mit großer Spannung erwartet wird. Wir empfehlen allen einen Besuch dieser bestimmt hochinteressanten Fachausstellung in Berlin (26.–28. Februar 1929).«[8] Der durchschlagende Erfolg der Lambrecht-Schule auf der Berliner Konditoren-Messe lässt in Wien die Hoffnung keimen, dass man auch Österreich »einen Kursus für diese Art von Konditoreikunst« veranstalte.[9]

In der Ausgabe vom 10. April 1929 inserierte die Lambrecht-Schule erstmals im »Konditor«: »Die anerkannt modernste Konditorenfachschule / B. Lambrecht / Wolfenbüttel, Braunschweig / (Deutschland) / Die Schülerarbeiten wurden auf den bisher beschickten Ausstellungen mit ersten Preisen und höchsten Anerkennungen ausgezeichnet. / Für Österreicher Schulgeldermäßigung. Fordern Sie die Werbeschrift!«[10] Mochte die Wolfenbütteler Schule in ihren Inseraten ab Mai 1931 speziell ihre südlichen Kollegen adressieren – »Der österreichische Konditor bevorzugt die Konditorenfachschule

LAMBRECHT, Wolfenbüttel, Deutschland / Man verlange Prospekt«[11] –, zu mehr als der dreisprachigen Werbeschrift[12] reichte es selbst für die wissbegierigsten österreichischen Kollegen angesichts der extrem angespannten wirtschaftlichen Lage und der hohen Arbeitslosigkeit in der Branche nicht. Einzig der Gmundner Konditor Hubert Schallmeiner konnte es »in Liebe und Interesse zu [s]einem schönen Berufe und aus Wissendrang und Eifer, mehr zu sehen und zu lernen«, sich leisten, die »Perle der deutschen Konditorfachschulen« zu besuchen, und bekam dort von Bernhard Lambrecht höchstpersönlich »die ganzen Wunder unseres Gewerbes« vermittelt.[13] So enthusiastisch, wie Schallmeiner seinen Aufenthalt in Wolfenbüttel schilderte, fiel auch der Bericht des »Konditors« über den Auftritt der Lambrecht-Schule auf der Berliner Konditoren-Messe Ende Oktober 1931 aus. Er schloss mit dem Bedauern, dass »wir in Österreich« leider »nicht in der Lage [sind], unsere Söhne oder Gehilfen hinauszuschicken, damit sie auch etwas von der neuen Konditorkunst erlernen«; und der Hoffnung, dass es »den vereinten Bemühungen« gelingen möge, »Herrn Lambrecht für einen Kurs zu gewinnen, um wenigstens die Grundgedanken zu lehren«.[14]

Im April 1932 folgte Lambrecht einer Einladung nach Wien, um dort seine Ideen in Theorie und Praxis zu demonstrieren. 70 Teilnehmer absolvierten den von der »Vereinigung der Zuckerbäckermeistersöhne und -Töchter« veranstalteten »Fachkurs für die moderne Konditorei« der in einem Nachmittags- und einem Abendkurs – von 18. bis 29. April 1932 nicht in der Fachschule, sondern in der Werkstätte der Konditorei Zeschner, Wien, V., Am Hundsturm 7, stattfand. Programm: »Modernes Dekor für große und kleine Torten – Neugestaltung verschiedener Erzeugnisse – Moderne Aufsätze – Zuckerblasarbeiten – Phantasiegebilde aus Makronenmasse und anderem Material – Neue Dessertformen und Garnierungen – Verschiedenes für Fest- und Feiertage (Muttertag, Weihnachten, Neujahr, Fasching, Ostern) – Sonstige Neuheiten«.[15]

Im »Konditor« schilderten Lehrgangsteilnehmer ausführlich ihre Erfahrungen,[16] der an den Kurs anschließenden Präsentation der Schülerarbeiten wurde eine ganze Seite gewidmet.[17] Bei der Eröffnung der Kabinettausstellung »Zuckerbäckerei im Stil der Neuzeit« im Gewerbeförderungsinstitut in der Severingasse 9 gaben sich am 30. April 1932 zwar der Präsident des Reichsverbandes der Zuckerbäcker und Lebzelter, Kommerzialrat Karl Bauer, und der Vorsteher der Genossenschaft der Zuckerbäcker und Lebzelter, Kommerzialrat Edmund Zezulka, die Ehre, in Gedanken waren die hohen

Funktionäre aber offenbar längst bei der »I. Wiener Konditorei-Ausstellung« im Herbst des Jahres.

So richtig verfangen hatten Lambrechts Ideen jedenfalls noch nicht – jedenfalls nicht bei allen. Der Mentor, der die junge Wiener Konditorengarde angespornt hatte, zu neuen Ufern aufzubrechen, sah sich zur Richtigstellung einer »irrige[n] Auffassung über Kunst, Schablonenarbeit und Lambrecht-Dekor«[18] genötigt. Er entgegnete dem Favoritner Konditor Ottokar Rinck, der zum einen bei seinen Überlegungen zur Frage, was man bei der Konditorei-Ausstellung im Oktober präsentieren solle, einen Gegensatz hergestellt hatte zwischen jenen, die »danach trachten, ihrem künstlerischen Ehrgeiz Genüge zu leisten und zur Geltung zu bringen bemüht sein [werden], daß ein nur von Handarbeit hergestelltes wirkungsvolles Dekor wahre Konditoreikunst ist«;[19] zum anderen behauptet hatte, Lambrecht sei »ein geschworener Gegner allen Gebrauches von Schablonen« und predige seinen Kursteilnehmern, sich gegen jedwede Arbeit mit Schablonen, weil »unkünstlerisch«, zu verwahren«. Rationelles Arbeiten und damit kostengünstige Herstellung seien aber nur mit Schablonen möglich. Rink hatte zudem den Nutzen des »Fachkurses für die moderne Konditorei« für das in schwerer Bedrängnis befindliche Gewerbe salopp in Zweifel zu gezogen: »Darum: Jedem das Seine – dem Talentierten die Kunst – dem weniger Talentierten, aber mehr Rechnenden die Schablone. Beide Arten unserer Erzeugnisse, ob Kunst, ob Schablone, gehen den bekannten Weg der Verdauung! Jedenfalls aber lohnt es sich, das in 20 Stunden eines sogenannten zehntägigen Kurses mehr geistig visionär als praktisch Aufgenommene erst in der Praxis einmal richtig zu betätigen, alles zu prüfen und das Beste davon zu behalten.«[20]

Lambrechts Replik: »›Kunst‹ ist allerdings ein Allerweltsbegriff. Aber auf das Zuckerbäckergewerbe angewandt sollte man darunter verstehen: ein Erzeugnis, dessen Anblick sich spontan vom Auge an den Gaumen wendet, also lecker aussieht und ebenso schmeckt. Das ist wahre Zuckerbäckerkunst, wie sie der Lambrechtdekor versteht. Wahre Konditorkunst braucht nicht unbedingt mit Handarbeit etwas zu tun zu haben und trachtet nicht im entferntesten darnach, einem künstlerischen Ehrgeiz Genüge zu leisten. Wahre Konditorkunst soll nur von den Gesetzen der Ästhetik bestimmt werden und keinesfalls von denen der freien Kunst.

Wenn man bei der Herstellung unserer Erzeugnisse aus rationellen Gründen eine Schablone anwenden kann, ohne die Leckerheit des Erzeugnisses zu beeinträchtigen, so ist das nur zu begrüßen. Es wird niemandem verwehrt,

z. B. beim Aufspritzen von Makronentieren eine schablonenartige Zeichnung unterzulegen oder mit einem Ring durch Eindrucken sich Anhaltspunkte für den Tortendekor zu schaffen. Mein Kampf gilt lediglich der falschen, fachfremden Schablonenarbeit! Ist es nicht ein fachfremdes Beginnen, eine Schablone auf eine Torte zu legen und dann mit einer zweifelhaften, braunen Zuckerfarbe Landschaften, Porträts oder sonstige unmögliche Motive darauf zu zaubern? Bilder gehören m. E. an die Wand, nicht auf Torten. Selbst der Maler, der allenfalls zu dieser Technik in einiger Beziehung steht, wehrt sich neuerdings gegen solch geistlose Schablonenarbeit. Es gehört nicht viel Überlegung dazu, um einem derartigen Dekor die Bezeichnung ›Konditordekor‹ abzusprechen. Darüber täuscht auch alle rationelle Herstellung nicht hinweg. Rationell heißt nämlich auch vernunftgemäß und ich halte es für denkbar unvernünftig und unkaufmännisch, wenn der Konditor Bildermacher spielt, statt richtig und klug auf die Geschmacksnerven seiner Kundschaft zu spekulieren. Nur wenn diese anklingen, wird beim Beschauer der Wunsch da sein, das betreffende Konditorei-Erzeugnis zu erwerben und zu verzehren und eben auf dieser simplen, natürlichen Überlegung baut sich der Lambrechtdekor auf. Alle, aber auch alle ureigenen Konditormaterialien werden hier herangeholt und formschön, appetitlich und wohldurchdacht zum Tortenschmuck verwendet und dieser Tortenschmuck nimmt keinesfalls *mehr* Zeit in Anspruch, als der frühere, sofern er von gleichgeübter Hand ausgeführt wird.«[21]

Sofort verfangen hatte der »Neue Stil« bei der fachfremden Wiener Tagespresse, die augenblicklich für ihn eingenommen war. Denn warum arbeiteten Wiener »Tischler, Schlosser, Weber, Juweliere schon im Geist der neuen Zeit« – und die hiesigen Konditoren »waren bei den Rosen, den Schlingen und den Arabesken des Biedermeier stehengeblieben, hielten noch immer Zuckerlrosa und Hellgrün für die einzigen Glasurfarben und formten die Bäckereien zu Herzchen, zu Türmchen, zu Kleeblättern und andern ebenso sinnigen wie komplizierten Figuren«? »Da hat nun der Konditor aus Wolfenbüttel Wandel geschafft«, so Margit Hayek-Streicher unter dem Titel »Die Torte im Wiener-Werkstätten-Stil«. »Er hat die jungen Wiener Zuckerbäckergehilfen und -söhne zu einer kampflustigen Arbeitsgemeinschaft vereint, hat ihnen mit viel gutem Willen und noch mehr Beispielen das Wesen der zeitgemäßen Einfachheit erklärt, hat ihnen verständlich gemacht, daß zu den geraden Möbeln unserer Wohnungen, zu den edlen und einfachen Bestecken und zum glatten Service unseres Tisches nicht mehr die verstiegenen Patisserien vergangener Jahrzehnte passen.« Und vorbehaltlos angetan war sie von den Ergebnissen

»diese[r] Umwälzungen alles zuckerbäckerlich Hergebrachten«: »Unsymmetrisch und ornamental geschmückte Torten, kleine Bäckereien in den geometrischen Formen Peches[a] und Hoffmanns[b] […], und die Marzipane imitieren nicht mehr Schinken, Obst und Gemüse, sondern bekennen ehrlich und offen, was sie sind: Scheiben und Kugeln aus Marzipan. […] Die Vereinfachung der Formen bedingt eine Verbilligung der Erzeugnisse, die neuen Formen entsprechen in künstlerischer und das schwach Gesüßte in kulinarischer Beziehung unserem Geschmack. Und ging stets die Kunst nach Brot, so geht von nun an die Torte nach den Forderungen des modernen Kunstgewerbes.«[22]

Die »Revoltierung des Zuckerbäckergewerbes« sei längst überfällig, stimmte das »Neue Wiener Tagblatt« ein. Die Zeichen der Zeit stünden ohnehin nicht auf Cremeschnitte, sondern auf Sandwich, nicht auf Himbeereis, sondern auf Mixed Pickles – »die alte Geschichte vom Schlankheitswahn«. Und so wie die alten »Schmuckrequisiten«: Deckchen, Spitzen, Vorhänge, Nippes, Standrahmen, »und wie diese herrlichen Staubfänger alle heißen«, längst aus den Wohnungen und zum alten Gerümpel gewandert sind, so sollen nun auch – nach »Meister Lambrechts umstürzlerischen Plänen« – alle Arabesken und Schnörkel von den mit allem erdenklichen Zuckerzeug ornamentierten Torten verschwinden. In Wien sind die Referenzen nicht der Werkbund und das Bauhaus, die anonyme Berichterstatterin des »Neuen Wiener Tagblatts« sieht sich angesichts der »Torten ohne Schminke« vielmehr an Betterway-Figuren[c] sowie an die kunstgewerblichen Erzeugnisse der Wiener Werkstätte erinnert.

Was die Wiener Zuckerbäcker aber »zu der neuen Zweckkunst bekehren« *müsse:* »Torten ohne Schminke« entsprächen nicht nur optisch dem Zeitgeist, sie seien auch billiger herzustellen und vermittelten nicht, wie ihre Makart-liken[d] Altvorderen mit ihrem bombastischen Aufputz, die Anmutung von – entbehrlichem – Luxus.[23] Und auch auf einer Platte aus Stahl serviert, werde die »streng glatte«, nicht mehr von einem dicken Zuckerüberguss bedeckte

---

a *Peche*] Dagobert Peche (1887–1923), Künstler, Designer, Mitarbeiter der Wiener Werkstätte. Bekannt für seine Entwürfe von Möbeln, Tapeten-, Stoff- und Teppichmustern.
b *Hoffmann*] Josef Hoffmann (1870–1956) Architekt und Designer, Gründungsmitglied und Hauptvertreter der Wiener Werkstätte.
c *Betterway*] Die »Betterway Company Alfred Birnbaum & Co.«, Wien, stand für modernistische Gebrauchs- und Reklamegraphik.
d *Makart-like*] nach dem österreichischen Historienmaler und Ausstattungskünstler Hans Makart (1840–1884). Kennzeichen des sogenannten *Makartstils* sind Opulenz und Pomp, schwere Tür- und Wandbehänge, massive Vertäfelungen, wuchtige Kronleuchter und üppiges Dekor.

Torte sicher ankommen, pflichtete das »Neuigkeits-Welt-Blatt« unter dem Titel »Süße Revolution!« bei.[24] Die Lambrecht-Schüler präsentierten ihre Torten nicht, wie damals üblich, auf hohen Bleikristall- oder ornamentierten Silberaufsätzen, sondern stilecht auf Stahlplatten.

Der Berichterstatterin der »Kleinen Volks-Zeitung« fiel es unter dem Titel »Nasche neuzeitlich! Zuckerbäcker mit Stil und Stahl« wie Schuppen von den Augen: Wie konnte man nur, wo doch heutzutage, 1932, längst alles auf »Glatt« und »Sachlich« gebügelt ist, bei den Naschereien immer noch anno Schnee, so um 1880, halten?! Wie in einer Wiener-Werkstätte-Wohnung, in einem Josef-Hoffmann- oder Prutscher-Kaffeehaus[a] Törtchen und Bäckereien im verstaubten Makartstil verzehren?! »Mit diesen haus- und altbackenen Gepflogenheiten ist es aber nun zu Ende. Die Zeit im Zuckerlladen verlangt ihr Recht, heraus mit der *modernen Torte,*[b] mit dem Backwerk von 1932, her mit der modernen Linie in den Glasfenstern der Konditorei. Es muß sein. Wir werden doch um Himmels willen, wir, die Meisterköche und Meisterküche des Erdballes, nicht zurückstehen hinter den Erforschern der neuen Sachlichkeit im Süßen, wir haben einen Weltruf zu verlieren, und wenn schon die Alten noch nach Makarts Epochen sungen, die Jungen zwitschern vorläuferhaft nach jenem Stil, der sicher auch dem Gaumen und Magen unsrer Generationen am meisten gemäß ist.« Undenkbar der Tort, den Zug der Zeit zu verpassen, der – Gipfel der Zumutung – aus Deutschland angebraust kommt, »wo man eigentlich in der Zuckerbäckerei bisher nicht gerade in der ersten Reihe stand«.[25]

Bang wurde nur dem anonymen Referenten der konservativen »Neuen Freien Presse«. Er quittierte die Ausflüsse der virulenten Ansteckung der jungen Zuckerbäcker Wiens am modernen Kunstgewerbe mit einem Nostalgie-Stoßseufzer: »Kleine Kunstwerke aus geblasenem Zucker – geblasen wie Glas, gottlob aber nicht mehr wie seinerzeit mit der Lunge, sondern mittels eines eigens dazu erfundenen Blasinstrumentes –, Schneemänner, transparente Tafelaufsätze in geometrischen Formen, Tiergestalten und Kakteen bilden schmucke Werbestücke. Dazwischen gibt es Torten, ausgestattet mit stilisierten Blumen aus Marzipan, Mandelmasse oder aus Zucker, in einer eigenen Tauchtechnik erzeugt, *petit four* für den Weihnachtstisch mit zierlichen Christbaumandeutungen, lustig galoppierende Hasen und höckerige Kamele, die eine unverkennbare Familienähnlichkeit mit modernem Kinderspielzeug

a *Prutscher*] Otto Prutscher (1880–1949), Architekt und Designer, Mitarbeiter der Wiener Werkstätte.

b Hervorhebung im Original (dort nicht kursiv, sondern gesperrt).

aufweisen, allerlei anderes Getier, das sich geflissentlich dem Naturalismus fernhält, eine Glückstorte mit roten Pilzen und ein Glücksschweinchen aus Grillage[a] geblasen. Alles anders, als man es bisher zu sehen gewohnt war, alles streng im Stil der neuen Zeit, die auf modernen Küchentellern moderne Torten zu sehen wünscht, süße, neuzeitliche Gebilde, von denen man gleichwohl hoffen mag, daß sie trotz alledem und alledem in ihrem Innern unverfälscht die gute alte Wiener Tradition bewahren.«[26]

Die feierte kein halbes Jahr später auf der »I. Wiener Konditorei-Ausstellung« fröhliche Urständ. Nun, fünf Monate nach dem Stubenrevolutiönchen, ist wieder alles beim Alten: Barock und Rokoko in Zucker und Tragant bis zum Gehtnichtmehr. Und die anlässlich des »I. Internationalen Konditoren-Kongresses« riesig aufgezogene Leistungsschau in »Weigl's Saallokalitäten« (vulgo »Weigl's Dreherpark«) – sie wurde am 1. Oktober 1932 von Bundespräsident Miklas höchstpersönlich eröffnet und lief bis 9. Oktober – wurde trotz des hohen Eintrittspreises gestürmt. Zeitweise mussten die Kassen geschlossen werden, weil die Räumlichkeiten des Vergnügungsetablissements mit zahlreichen Sälen und Bühnen und einer 3000 Personen fassenden Festhalle unweit Schönbrunns sowie die eigens für diesen Anlass errichteten Zelthallen dem Andrang nicht gewachsen waren. Dabei gab's nicht etwa Gratis-Kostproben aus der mit modernsten Maschinen ausgestatteten genossenschaftlichen Musterkonditorei in Vollbetrieb, in der das p. t. Publikum bei der Herstellung von Bärentatzen, Baisers, Baumkuchen, Beugeln, Bienenstich, Biskuitkipferln, Brandteigkrapferln, Brezeln, Brioches, Buchteln, Butter-Mandel-Plätzchen … zusehen konnte – zusehen wohlgemerkt. Auf der offiziell so genannten Ladenstraße – vom Wiener Volksmund umgetauft in »Freßgasse« resp. »Freßavenue« – konnten zwar Erzeugnisse von Mitgliedern der Wiener Zuckerbäckergenossenschaft verkostet werden, aber nur gegen Bares. Eine plausible Erklärung für den massenhaften Zustrom bietet der Vierzeiler, mit dem die Festausgabe des »Konditors« die Veranstaltung begrüßt: »Denn Frauen, Männer, Mädchen, Kinder, / Sie alle lieben wohl nicht minder / Was Süßes in der heut'gen Zeit, / Die oft ist voller Bitterkeit.«[27]

Im Gefolge der Weltwirtschaftskrise waren die Löhne und Gehälter in Österreich von 1929 bis Ende 1932 beinah um ein Drittel gesunken. 26 Prozent der unselbstständig Erwerbstätigen waren arbeitslos,[28] viele davon bereits

a *Grillage*] (= Krokant) fein oder grob geriebene Masse aus mit gerösteten Nüssen und / oder Mandeln versetztem hellbraun karamellisiertem Zucker.

»ausgesteuert«, das heißt ohne Arbeitslosenunterstützung und Notstandshilfe. Die Haushaltsrubriken der Tageszeitungen versorgten ihre Leserinnen mit Sparrezepten, kleinformatige Broschüren gingen den Hausfrauen zur Hand beim Wirtschaften mit knappstem Budget. Die allermeisten Besucherinnen und Besucher der »I. Wiener Konditorei-Ausstellung« mussten sehr wahrscheinlich mit dem optischen Genuss vorliebnehmen.

Zu sehen und zu bestaunen gab's neben der fachspezifischen »Industrieschau« allerhand. »Der Konditor« ließ die »Kunstschau« der »I. Wiener Konditorei-Ausstellung« – »das große Werk, das die Wiener Zuckerbäcker und Lebzelter als auch die Fachwelt des übrigen Österreichs und des Auslandes wochenlang in Atem gehalten hat«[29] – über vier Nummern auf reich illustrierten zwölf Seiten Revue passieren[30] und listete die »Wunderwerke« hiesiger Kollegen in Tragant, Zucker, Karamell und Schokolade unter Nennung des jeweiligen »Künstlers« enthusiasmiert auf: das Mariahilfer Denkmal Josef Haydns in Tragant, dazu zwei Seiten der Partitur seines »Gloria« aus der »Theresienmesse« in Schokoladeschrift auf Marzipanpapier; die »Frau Sopherl vom Naschmarkt«[a] mit einem Korb Karfiol in Marzipan und Schokolade; Beethovens Kopf in Zuckerplastikmasse; ein »Tiroler Schütze aus dem Wipptale« (»eine handmodellierte Arbeit; der Kern aus Lebkuchen, ringsherum Marzipan und dann noch Schokolade, zirka 50 Prozent«) – »wahre Konditorkunst«; Heiligenbilder aus Lebkuchen; Märchenbücher aus Biskuit; turmhohe Wedding-Cakes, die vor Kuppeln und Säulchen überquollen; »›Lohengrins Hochzeitstag‹ mit 12 allerliebst niedlichen Kranzljungfern«; »das deutsche Wasserflugzeug am See« aus Tragant und Felsenzucker; der »Christbaum der Weltausstellung 1873 nach einer Originalphotographie«; »ein Schokoladentempel mit Zuckerrosen umrankt«; »eine freihändig modellierte Schokoladenvase mit einem Strauß von Zuckerrosen«; »ein Christbaum aus Mandelmasse«; ein Klavier aus Kakaobutter; aus Hippenmasse gefertigte Fächer- und Dattelpalmen; ein »Eisenbahnzug – Lokomotive mit Tender – aus Grillage«; eine Lokomotive aus Schokolade; eine »Windmühle aus Baiserringen zusammengesetzt«; »die Tragant- und Spritzglasurarbeit ›Karlsbader Sprudel‹«; »ein Eisberg mit Höhle und einer Eisbärengruppe, aus Zucker gemeißelt, als Nordpolidyll ausgestellt«; »ein Riesenkrokodil […] aus Kletzenbrotteig gebacken und mit Mandeln appetitlich belegt«; ein Weekendhaus

a *»Frau Sopherl vom Naschmarkt«*] »Frau Sopherl, ein Weib vom Stande«, Standlerin, Obst- und Gemüsehändlerin, war eine der populären stehenden Figuren in den literarischen Wien-Skizzen Vinzenz Chiavaccis.

mit Bäumen, Marzipanententeich, Marzipangemüsegarten und Marzipanblumenbeete inklusive; die Tragantarbeit »Faun mit Trauben«; ein Bacchustempel »Weinlese 1932«, ebenfalls in Tragant; eine 150 Zentimeter hohe Merkur-Statue aus Schokolade; die Pfarrkirche St. Leopold aus dem 21. Wiener Gemeindebezirk »als architektonisches Bauwerk der Lebküchlerei«; »ein Löwe unter Palmen auf Beute lauernd, zum Sprung bereit«; die Wasserburg Heidenreichstein, »eine komplizierte Marzipan-Reliefarbeit des Mödlinger Rathauses«; die Schönbrunner Gloriette und das Café Landtmann aus Würfelzucker; »ein allerliebstes Modell des Lusthauses im Prater« (ebenfalls aus Zucker und in Festbeleuchtung); der Eiffelturm aus Zucker-Spritzglasur; die Wiener Secession und die Walhalla in Tragant; die Floridsdorfer Brücke ganz in Zucker, die Burg Elbogen bei Karlsbad; »eine alte Raubritterburg aus Schokoladewaffeln in getreuer Nachahmung mit den Aussichtstürmen, Sperrbrücken, Teernasen usw.«

Man schwelgte auch in der von Lambrecht verpönten Porträt- und Landschaftsmalerei mit Kakao. Bundespräsident Miklas etwa widerfuhr diese Ehre im Format 30 mal 40 Zentimeter, desgleichen Franz Lehár. »Die Zuckerbäcker im Wettbewerb mit den Bildhauern«, brachte es ein Zeitungsbericht auf den Punkt. »Denkmäler, aus Zucker gemeißelt, historische Bauten aus Schokolade gespritzt, naturwahre Porträts und Landschaftsbilder in Kakao- oder Schokolademalerei werden manchen Besucher in Zweifel versetzen, ob er auf einer Zuckerbäckerausstellung sei oder den Wettbewerb bildender Künstler besuche.«[31]

Angesichts des »Tischlein, deck dich« des Kollegen G. Zykan, »einer entzückenden Kleinarbeit in Tragant«, fühlte sich der anonyme Berichterstatter des »Konditor« zurückversetzt in die Biedermeierzeit von Alt-Wien«. – Eben.

In *diesen* Zeiten derart in »Dolce«, in Schokolade, Schlagobers, schmelzenden Cremes und Gelees, zu schwelgen!, staunten die Berichterstatter der Wiener Tagespresse. Sah aus, als wollten die berühmten Wiener Zuckerbäcker der Krise und Not ein Schnippchen schlagen. Oder zeichneten sie gar mit ihrer Leistungsschau einen süßen Silberstreif an den Horizont?[32] Der Alltag der allermeisten Besucherinnen und Besucher schmeckte nach Malzkaffe und Erdäpfeln – und in der Konditoreiausstellung wurde jeder Festtag des Lebens in Zucker, Krokant und Marzipan inszeniert und zelebriert: von der Taufe über die Kindergeburtstagsjause, den Namenstag und die Firmung bis zur Silbernen und Goldenen Hochzeit. Immerhin: »Eine große Auswahl Fassontorten aller Art, aber in kleinen Formaten ausgefertigt, auch für die ärmere Vorstadtkundschaft erschwinglich, beweist sogenanntes Anpassungsvermögen an den Gelbeutel der verarmten Volksmassen, die auch eines Lichtblickes in der Gestaltung konditorlicher Erzeugnisse zu ihren bescheidenen Familienfesten bedürfen. Zwei Kakaomalereien, ein Korb mit Pilzen u. a. m. sind dazu berufen, uns auf kurze Zeit dem poesielosen Dasein unseres Alltags zu entrücken.«[33]

Weil da aber schon beim bloßen Hinschauen das Hüftgold glänzte, hielt der moderne, der linienbewusste Konditor allerlei Pikantes fürs Büffet auf Empfängen, Routs und Hausbällen bereit: »Petits fours aus Hummeraspik und Kaviar, Schinkenstanitzeln mit Gansleberpastete, Butterteig mit Wildhaschee, Sandwiches, von denen jedes ein kleines Stilleben ist, Mayonnaise-Eier, Torten, mit Lachscreme und Crevettenmus gefüllt, Zungenrouladen, Trüffelragouts ...«[34]

Neben den zwölf Seiten, die »Der Konditor« den Old-school-Wunderwerken auf der »I. Wiener Konditorei-Ausstellung« widmete, nahm sich die *halbe* Seite über die »Lambrechtsche Sonderschau« recht mager aus. Bernhard Lambrecht hatte die Arbeiten des nach dem Frühjahrkurs gegründeten »Ringes der Wiener Lambrechtschüler« angeleitet. Und die gaben »Anlaß zu lebhaften Diskussionen«, unterschieden sie sich doch »wesentlich eigenartig von sonstigen Ausführungen«, so Ottokar Rink, der sichtlich bemüht war, seinen Fauxpas vergessen zu machen und das Gewinnende am »Neuen Stil« hervorzuheben: das »Ausspielen der Kontrastwirkungen der verschiedenen Materialien gegen einander« etwa, wie die »des matten Marzipans gegen die glänzende Fondantglasur; die bunte Lebhaftigkeit der Frucht gegen die vornehme Ruhe der Schokolade; die raue Makronenmasse gegen die blanke Geleefläche«; »die ausgeklügelt harmonische Farbgebung«. Und so schlicht die Linienführung bei den Torten und beim Kleingebäck und den Dessertstücken, so bizarr stilisiert die Formen der Makronen- und Marzipantiere sein mochten – »bei Allem kommt der Ausdruck höchster Leckerheit zur Geltung, Auge und Gaumen gefangen nehmend«. Schließlich habe der Konditor seinen Beruf verfehlt, »wenn er sein Material gleich dem des Bildhauers wie Marmor, Gips, Erz usw. zu verwerten gedenkt. So wie es keinem Bildhauer einfallen wird, Konditorwaren auszustellen, so wenig soll sich ein Konditor anmaßen, Bildhauerwerke auszustellen.«[35]

In der Wiener Tagespresse wurden die Arbeiten der Lambrecht-Schüler, die »korporativ« ausstellten, nur kursorisch erwähnt – »die entzückenden Formen der neuen *Lambrecht-Schule* [...] geben der Ausstellung ein eigenartiges Gepräge«[36] – oder gänzlich ignoriert. Mit zwei Ausnahmen. »Die Stunde« thematisierte die Kluft, die sich zwischen den althergebrachten »Wunderwerke[n] der Bildhauerkunst« und der neusachlichen Schule auftat: »Ein künstlerischer Wettstreit entbrennt unter den Zuckerbäckern. Die deutsche Schule sagt: Materialtreue. Und stellt etwa den Lehrsatz auf: ›Wenn ich Buttercremekücken sage, dann lege ich das Hauptgewicht auf das Wort Buttercreme und nicht auf Kücken.‹ Aber die Wiener Zuckerbäcker finden, daß sie Repräsentanten eines Märchenlandes zu sein haben und nicht Verfechter von modernen künstlerischen Thesen. Sie kennen ihre Kunden, die vor ihren Herrlichkeiten allesamt zu Kindern werden und die heute die Nase des aus Cacao gemalten Ministers Heinl oder von Willy Fritsch mit genau derselben Begeisterung abbeißen und mit demselben, den Genuß erhöhenden ›thrilling‹ (wie sagt man das auf deutsch) wie seinerzeit als Kinder den Kopf der schokoladenen Knusperhexe.«[37]

Und Richard Wiener signalisierte gleich mit seinem Titel, dass zumindest er die Zeichen der Zeit erkannt hatte: »Der Lenin der Tortenwelt«. Und – »Macht der Atmosphäre und des Genius loci!« – assoziierte gleich noch einen zweiten Namen mit dem Bernhard Lambrechts: den Lessings, »des Bibliothekars in Wolfenbüttel, der von dort aus das Licht der Aufklärung und des Fortschrittes über Deutschland erstrahlen ließ. [...] Wieder ist es Wolfenbüttel, von dem aus sich Licht verbreitet, von dem aus der Ruf nach neuer Gestaltung, neuen Formen, neuem Kunstempfinden ertönt. ›Wer das Material verdirbt oder fälscht ist ein Pfuscher. Wer das Material beläßt, ist ein nüchterner Handwerker. Wer das Material, welches es auch sei, in Wahrheit erhöht, der allein ist der Meister.‹[a] Spricht nicht Lessings scharf und klar formulierender Geist aus diesen drei Maximen? [...] Um es kurz zu sagen: es ist das Motto eines Werkes, das von Wolfenbüttel aus die ganze zeitgenössische Zuckerbäckerkunst in allen ihren Sparten von Grund auf zu revolutionieren und mit neuzeitlichem Bewußtseinsinhalt bis an den Rand anzufüllen unternimmt. Autor dieses Werkes ist der Begründer, Inhaber und Leiter der geistsprühendsten Konditorenschule des Kontinents; er heißt Bernhard *Lambrecht* und geht, gesalbt mit einem Tropfen Bauhausöl, umgetrieben in allen kunstgewerblichen Leitsätzen der Gegenwart, daran, eine *Weltrevolution der Zuckerbäckerei* zu entfachen.

Um es kurz zu sagen: Lambrecht ist der *Le Corbusier*, der Adolf *Loos* der Zuckerbäckerkunst. Er ist es, der den neuen Stil in der Konditoreikunst kreiert hat, einen Stil strenger Sachlichkeit, der mit Verachtung und Abscheu auf ro-

a Diese drei Maximen – in Versalien auf Seite 11 – bilden den Auftakt zum »praktischen« Teil von Lambrechts Programmschrift »Vom neuen Stil in der Konditoreikunst«.

kokohaftes Getändel und Biedermeiertum herabblickt. Wie jene beiden Baukünstler den Zweckgedanken allein zur Grundlage ihrer architektonischen Entwürfe gemacht haben, so hat Lambrecht – wie sagt er doch? – ›den *Begriff der Leckerheit* zum geistigen Fundament seines Schaffens erhoben‹. Sein Ziel ist es – wer ahnte es noch nicht? –, unmittelbar aus zuckerbäckerlichem Material zu dichten, Materialgerechtigkeit als richtunggebendes Prinzip auf dem ganzen weiten Erdenrund in Geltung zu setzen und geistlose, in die Irre gehende Fassadenkunst, wo immer er ihr begegnet, rücksichtslos auszurotten.«

Sosehr Wiener die suggestiven Thesen des »Umstürzlers sentimentaler Tortenseligkeit« und dessen lineare Tortendekor billigte, war ihm doch bewusst, dass Lambrecht »an empfindliche Punkte des menschlichen Gemüts« rührte: »Wenn schon das Süße, Zuckerbäckerhafte an unverzehrbaren Werken der bildenden Kunst, an Bildern und Denkmälern durchweg sich der ungeheuersten Beliebtheit erfreut, um wieviel schwerer wird man es in einem Material vermissen, das schon von Natur aus – wie sage ich es nur? – dem Süßtum angehört? [...] Ach Gott, das Leben wird täglich schwerer! Auf allen Gebieten heißt es, sich umstellen. Bisher nichtsahnend und naiv in Nuß- und Sachertorten schwelgend oder, ohne von Sadismus sich etwas träumen zu lassen, einem schokoladenen Osterhasen ein Ohr abbeißend, werden wir plötzlich in die Wirrnis einer gärenden konditorischen Ästhetik gestoßen, die schon nicht mehr weit von Ethik entfernt ist und auch noch die Genüsse unseres Gaumens gedanklich beschwert. Zwar verheißt der unerbittliche Lenin der Tortenwelt: ›Die Zunge soll uneingeschränkt zu ihrem Recht kommen‹, aber wird die gedankenlose, auf Poesie erpichte Volksmasse nicht doch immer wieder den vertraut biedermeierlichen Ornamenten, den Girlanden aus Angelikawurzel, den Brieftauben aus Zuckerguß oder Schuberts Porträt, in Kakao gemalt, zustreben, ahnungslos gegenüber den revolutionären Strömungen, die eine neue Epoche der Zuckerbäckerei heraufführen?

Es wird noch lange und schwere Kämpfe geben ...«[38]

In Wien suhlte man sich unterdessen (noch) in Selbstzufriedenheit, attestierten doch auch auswärtige Besucher angesichts der »großartigen Gewerbeschau«, dass »der Ausdruck ›Wiener Konditorei‹ ein Aushängeschild von Weltruf ist«.[39] Die Gründung eines Internationalen Konditorenverbands, die auf der Tagesordnung des »I. Wiener Konditorenkongresses« stand – von »Süßer Internationale«, »Paneuropa der Zuckerbäcker« berichtete schmunzelnd die »Kleine Volks-Zeitung«[40] –, ließ noch auf sich warten. Unter welchem Signum hätte das »Konditoren der Welt, vereinigt euch!« gestanden?

– Eine weltrevolutionäre Konditor-Internationale oder ein Paneuropäischer Bund von Konditoren alten Schlages?

Dass das süße Wienertum, das »Wienertum der Torten und Kuchen, der Strudeln, Kipfeln, Cremes und des Gefrornen, das [...] auch in bitterster Zeit alle Süßigkeit bewahrte«, im »Völkerbund der Feinschmecker wenigstens führende Stimme [haben würde], und der paneuropäische Gedanke [...] in der Mehlspeisküche wohl durchzubringen sein [würde]«, so Helene Tuschak im »Neuen Wiener Tagblatt«, blieb (vorerst) ein frommer Wunsch.[41]

Bei der »I. Wiener Konditorei-Ausstellung« mochten Alt und Neu hart aufeinanderprallen, auf Wiener Boden mochte die Wolfenbütteler Schule umstritten sein: Sie war aber längst dabei, sich zu etablieren. Sie war eben – das schreibt der Gothaer Berufsschuldirektor Otto Habekus seinen Wiener Kollegen ins Stammbuch – »konditorlich gestalteter Zeitgeist«.[42] Die im Jänner 1932 lancierte »Illustrierte Monatsschrift für den fortschrittlichen Fachmann« (so der Untertitel) »Neue Konditorei«, die im Verlag der renommierten Baseler Konditor-Meisterschule COBA erschien, war ganz auf Lambrecht-Linie: Sie wollte »Wege weisen zu rationellen Arbeitsmethoden und zu neuzeitlicher Ausgestaltung der Konditoreibetriebe«, den Konditor einführen »in die Tricks und in die Fertigkeiten des modernen Dekors, ihn dabei aber bewußt in den Grenzen haltend, die Material und Zweck seiner Erzeugnisse ihm vorschreiben.«[43] Sie brachte dann auch gleich in Heft 2 einen ersten Beitrag Lambrechts, und zwar über »das dankbarste unserer Schmuckmaterialien«, Karamel (ein Auszug aus Lambrechts »Vom neuen Stil in der Konditoreikunst«).[44]

Der »Neue Stil« wurde inzwischen auch popularisiert: »In der Konditorkunst – auch in der der Hausfrau – macht sich oft noch die alte Geschmacklosigkeit und die alte Langeweile breit. Man kann aber süße Bäckereien auch auf neue Weise schön und lustig gestalten. [...] Marzipan kann handmodelliert und auch in Formen (neuerdings aus Porzellan) ausgedrückt werden. Früher wollte man Marzipan-Tiere möglichst naturgetreu haben, setzte ihnen Stützen aus Holz ein und bemalte sie mit oft recht scheußlichen Farben. Der moderne Konditor will nur das leckere Material selbst zeigen und bildet aus ihm nur solche Formen, die auch ohne Stützen und Farben wirken«, stellte das im Ullstein Verlag erscheinende »Blatt der Hausfrau« bereits Ende 1931 klar und führte den »neuen Stil« anhand von (Musterschutz genießenden) Entwürfen und Modellen in Marzipan, Makronenmasse und (geblasenem) Karamell der Konditoreifachschule Lambrecht vor Augen.[45]

Die Resonanz in der europäischen Fachpresse war Anerkennung und Bestätigung. Im Auftrag des Deutschen Konditorenbundes zeichnete die Lambrecht-Schule 1933 erstmals für die Fachschau auf der Leipziger Messe verantwortlich. Mit dem Bundesorgan, der Fachzeitschrift »Die Konditorei« (Lemgo), kooperierte sie nunmehr eng; die Kunstdruckbeilagen wurden von der Wolfenbütteler Schule redigiert. Mit dem süddeutschen Bundesorgan, »Der Konditormeister« (München), und der »Konditorzeitung Trier« für Südwestdeutschland kooperierte sie intensiv. Auf Fachschauen repräsentierte sie in Hinkunft den Deutschen Konditorenbund.

Ab 1935 stieg auch die Schülerzahl wieder; man war voll ausgelastet. 1936 widersetzte man sich dem Ansinnen der Deutschen Arbeitsfront (DAF), die Schule in eine Reichsfachschule umzuwandeln. Man blieb eine private Lehranstalt. Im August 1939 schloss die »Meisterschule des Konditorenhandwerks«, wie sich die Anstalt ab Oktober 1937 nennen durfte, ihre Pforten. Schulleiter und Fachlehrer wurden zum Wehrdienst eingezogen.

Am 1. Oktober 1948 wurde der Unterricht an der nunmehrigen Bundesfachschule mit 14 Schülern wieder aufgenommen. Bernhard Lambrecht, bis 1969 Direktor, war unablässig am Entwickeln neuer Ideen. 1950 erschien seine aktualisierte Programmschrift, die in Theorie und Praxis das Fundament der Lambrecht-Schule bildete: »Das Gebot der Leckerheit«.[46] Die brachte, verglichen mit »Vom neuen Stil in der Konditoreikunst«, nicht nur Neuerungen bei Massen und Rezepturen sowie beim Dekor, sondern eine entscheidende zusätzliche Kategorie ins Spiel: Wirtschaftlichkeit. Denn der Kostenfaktor, der in der Pionierzeit von so gut wie allen Fürsprechern des »Neuen Stils« ins Treffen geführt worden war, hatte für Lambrecht zunächst keine Rolle gespielt – spielte ihm aber entscheidend in die Karten. Denn der opulenten Dekoration selbst alltäglicher Konditoreiprodukte »alten Stils« haftete nicht nur die Anmutung »Luxus« an, sie signalisierte nicht nur verfettende Kalorienschwere – sie war brotlose Kunst im wahrsten Sinn des Wortes: Der Arbeitsaufwand war wirtschaftlich nicht vertretbar. Der »Neue Stil« ermöglichte – für den Initiator ein Nebenaspekt, für jeden gewerblichen Konditor hingegen ein unschlagbares Argument – eine kostengünstigere Produktion.

In den 1950er und 1960er Jahren erarbeitete Lambrecht ein Fachbuch nach dem anderen, für jede Disziplin des süßen Gewerbes: »Karamelarbeit 1: Kleine geblasene Figuren« (1951)[47]; »Das Garnieren mit der Spritztüte« (1952)[48]; »Das Garnieren mit dem Spritzbeutel« (1954)[49]; »Die Konditorei-Praline« (1961)[50]; »Lehrbuch für Marzipan, Band 1: Figuren und Früchte, modelliert und geformt« (1963); »Lehrbuch für Marzipan, Band 2: Figuren, ausgestochen und modelliert« (1966)[51]; »Das Gebäck im Konditorei-Schaufenster. Rezepte und Aufrisse« (1964)[52]; »Das Meisterstück im Konditorei-Handwerk, Band 1: Das Werbestück aus Karamel« (1964)[53]; »Die Laden-Anschnitt-Torte« (1965)[54]; »Qualitäts-Backwerk« (1972)[55].

Eine Reihe, die ihresgleichen sucht. In laufend überarbeiteten Auflagen legte Lambrecht, unablässig auf der Suche nach neuen Wegen für seine Zunft, der Kollegenschaft seine Erkenntnisse dar. Mit stetig perfektionierten Techniken, neu entwickelten Arbeitsgeräten, Werkzeugen und Verfahren zur Rationalisierung der Produktion, mit Hilfsmitteln, Vorlagen- und Schablonensätzen und nicht nur didaktisch auf der Höhe der Zeit – Einsatz von Fotos, Bildern, Aufrissen –, sondern auch bei den Rezepturen, die dem sich wandelnden »Gaumengeschmack« – »auf das weniger Süße abgestellt« – angepasst wurden.[56]

An Grundsätzlichem hingegen wurde nicht gerüttelt, war nicht zu rütteln. Selbstverständlich auch daran nicht, dass der vielfach gezackte, kannelierende Spritzaufsatz verpönt und nur mehr die schlichte Rundtülle erlaubt war. Die Vereinfachung der Form war »keineswegs gleichbedeutend mit Dürftigkeit, Kärglichkeit oder ›Es sich leicht machen‹. Im Gegenteil, nur die geübte sichere Konditorhand wird den einfachen, schlichten Linien ihren Reiz zu geben vermögen. Vereinfachung verlangt ein Ausnützen aller Feinheiten, die Werkzeug und Material durch ihre Eigenart ›dem, der Augen hat zu sehen‹, freiwillig schenken.«[57]

Zur »zweckdienlichen Formgebung« von Marzipan-Figuren gehöre Lambrecht zufolge nicht nur das Modellieren aus einem einzigen Stück – »eine geschlossene, kompakte Form« bleibe nämlich »länger saftig und wohlschmeckend« –, sondern »auch das ›Weg vom Naturbild‹ und ›Weg von sogenannt ulkigen, glotzäugigen Gebilden‹, wie man sie leider allzuoft sehen muß. Beides läuft dem feinschmeckerischen Sinn zuwider; nicht Lust zum Verzehr wird erweckt, sondern verdorben.« Nicht nur erstklassiger Marzipan bestimme die »kulinarische Qualität« der Figuren, sondern ebenso sehr deren »leckeres Aussehen«. Das handwerkliche A und O seien »Materialgerechtigkeit« und »Materialechtheit«. »Es verbieten sich also fachfremde Stützungsmittel wie Stöckchen und ähnliches – die Frage der Stabilität muß anders, muß konditorlich gelöst werden. Auch Farbanstrich oder Bespritzen mit Farbe, um der vermeintlich besseren Wirkung halber, sind Irrwege. Was dabei herauskommt, können günstigenfalls mehr oder weniger fragwürdige Scherzartikel sein, nicht aber appetitlich duftende, wohlschmeckende Erzeugnisse, wie man sie mit Fug und Recht aus der Hand des Konditors erwarten sollte.«

Zug zur Abstraktion: Lambrecht'sche Marzipanfiguren 1929, 1963, 1966.

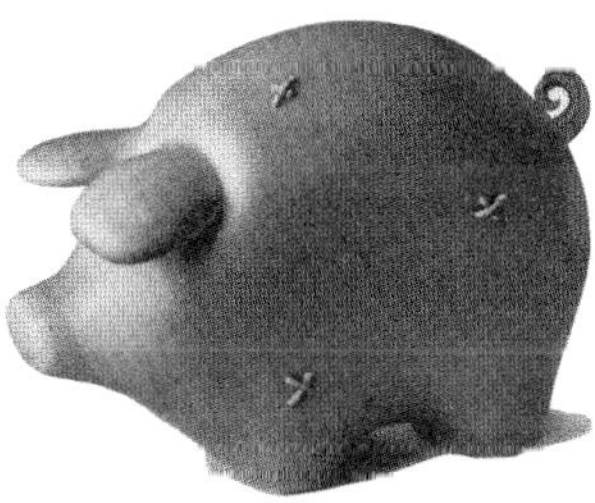

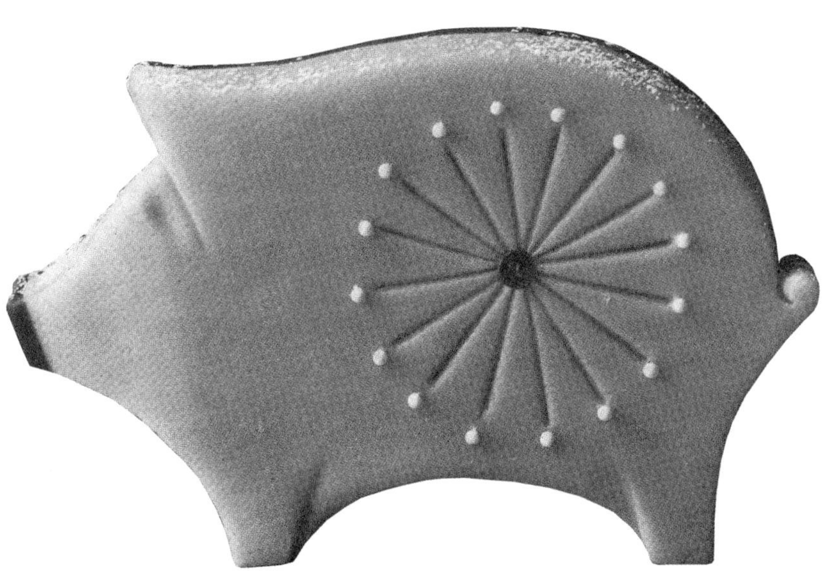

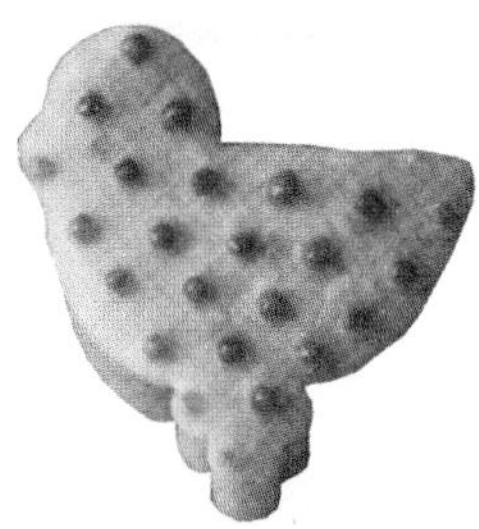

»Weg vom Naturbild!«
(Lambrecht): 1929, 1963, 1966.

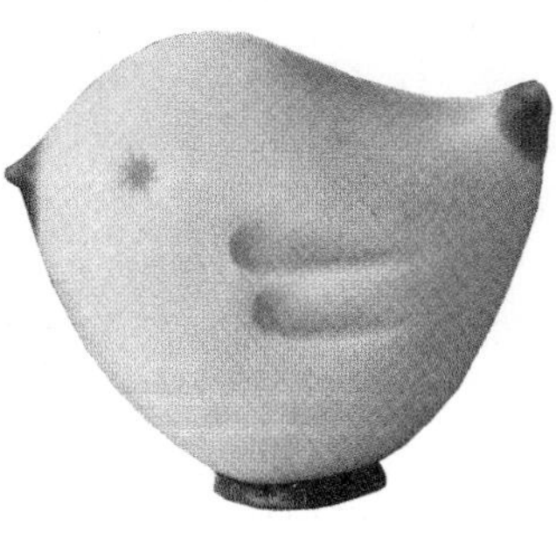

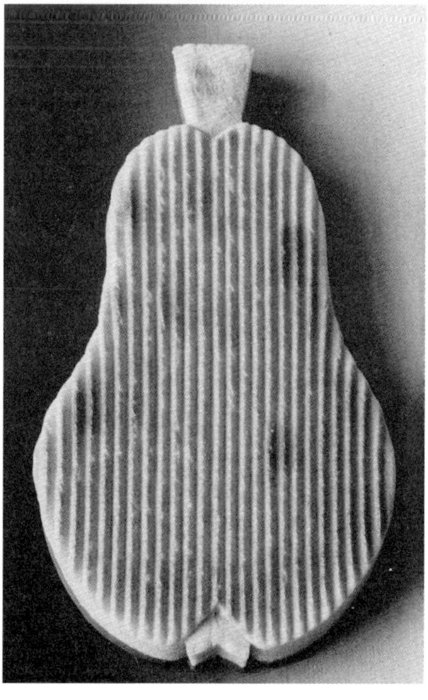

»Schönheitliche Qualität« setzt Vereinfachung voraus (Lambrecht): 1929, 1963, 1966.

Bernhard Lambrecht: »Nikolaus«, »Raster 3« (links),
»Nikolaus«, Kneifraster (beide 1966).

Um dem Ausgangsmaterial, der fugenlosen Marzipankugel, »schönheitliche Qualität« zu verleihen, müsse darauf hingearbeitet werden, »eine gewollte Vereinfachung zu erzielen, also ein auf das Wesentliche beschränktes Vorstellungs-, nicht Naturbild wiederzugeben. Ganzes Augenmerk verlangt hierbei die Proportion, also die harmonisch ausgewogenen Größenverhältnisse der Formelemente untereinander oder das Auswerten von Gegensätzlichkeiten wie gerade – gerundet, senkrecht – waagerecht, hell – dunkel usf. oder das Einbeziehen von Eigenwilligkeiten, die von Material und Werkzeug ausgehen und als Material- und Werkzeugsprache bezeichnet werden. Lassen wir die oben dargelegten Faktoren zusammenwirken, so ergibt sich ein weiter Spielraum für Fantasie und gestaltende Hand, zugleich ergeben sich jedoch Grenzen, über die hinaus konditorliches Werken abgleiten würde ... ganz einfach zum süßen Kitsch.«[58]

Bernhard Lambrecht: »Schornsteinfeger« (1966).

Lambrecht konnte im Herbst 1954 im Vorwort zum »Garnieren mit dem Spritzbeutel« nicht nur die »beifällige Aufnahme« seines Buchs »Das Garnieren mit der Spritztüte« vermerken, sondern auch »mit Genugtuung darauf hinweisen, daß seine Anregungen für eine zeitgemäße Tortengarnierung, die er 1932 bereits in seiner Schule eingeführt hatte, »Eingang im gesamten Konditorenhandwerk gefunden haben«.[59] Blättert man die 1950er-Jahrgänge von »Konditorei und Café. Die Fachzeitschrift für den fortschrittlichen Konditor« aus dem Stuttgarter Matthaes Verlag durch, begegnet man tatsächlich auf Schritt und Tritt Wolfenbütteler Dekors aus der Hand von Konditoren aus ganz Deutschland, unstreitig inspiriert von Bernhard Lambrecht. Nicht nur bei Geschenk-, Festtags- und Anschnitttorten, sondern auch bei Baumkuchen, Eisbomben, Kaffeegebäck, Teegebäck und Pralinen.

Sein letztes Fachbuch, »Qualitäts-Backwerk«, erschien postum, ein Jahr nach seinem Tod, und bis zuletzt war es Lambrecht darum zu tun, »das Qualitätsbewußtsein des Konditorenhandwerks zu stärken und zu erneuern« und »dem Konditorenhandwerk die Erzeugnisse, wie sie jeden Tag in Laden und Café ihren Absatz finden, in unverfälschter Rezeptur zu erhalten«.[60]

Lambrechts Arbeit wurde weitergeführt. Nicht nur wurden seine Standardwerke von der Lambrecht-Schule und dem Deutschen Konditorenbund wiederaufgelegt, damit sie als Lehrbücher weiterhin zur Verfügung standen. Etwa das vom Schulleiter der Bundesfachschule Wolfenbüttel, Gregor Frey, nur geringfügig bearbeitete Torten-Fachbuch: »Gestaltung und Garnierung der abgebildeten Torten sind zeitlos. Unter den Aspekten Materialechtheit, Materialgerechtigkeit und formaler Gestaltungsgesetze hat der Verfasser auch hier das Optimale erreicht.«[61] Oder das zweibändige Marzipan-Fachbuch, das 1982, in *einen* größerformatigen Band komprimiert, die »jahrzehntelange Entwicklungs- und Forschungsarbeit für das Konditorenhandwerk« der Fachwelt wieder zugänglich machte.[62]

Konditorei und Patisserie sind bei Bernhard Lambrecht und seiner Schule, die bis 2005 existierte, nicht stehengeblieben. Wer sich auf Stand bringen will, sehe sich an, was mit den Namen Pierre Hermé und Oriol Balaguer verbunden ist oder – um im deutschsprachigen Raum zu bleiben – mit Andy Vorbusch, René Frank, Christian Hümbs und Kay Baumgardt. Da kann man sich des Eindrucks eines sich permanent erneuernden Handwerks schwer erwehren. Die Zunftgenossen der 1930er-Jahre, die sich damit brüsteten, brachten immer gewerbestolz ein Goethe-Zitat in Anschlag: »Die Menschheit, merke ich, mag noch so sehr zu ihrem höchsten Ziele vorschreiten, die Zuckerbäcker rücken immer nach.« Diese Passage aus einem Brief vom 13. Jänner 1832, in der Goethe Marianne von Willemer bittet, ihm ein Kistchen Offenbacher Pfeffernüsse aus Frankfurt zu schicken, ist allerdings unlauter, ziemlich unlauter sogar, geschnitten. Vorn und hinten etwas drangestückelt, ergibt sich ein gänzlich anderer Sinn: »Wollen Sie mir indes freundliche Gesichter von meinen Enkeln erwecken, so erbitte mir, etwa im Februar, etwas Offenbacher Pfeffernüsse; bis dahin werden die magenverderblichen Weihnachtsgaben wohl schon aufgespeist sein. Die Menschheit, merke ich, mag noch so sehr zu ihrem höchsten Ziele vorschreiten, die Zuckerbäcker rucken immer nach; indem sich Geist und Herz immerfort reinigt, wird, wie ich fürchte, der Magen immer weiter seiner Verderbnis entgegengeführt.«[63] Statt »innovatives kulinarisches Handwerk« also »unverbesserliche gesundheitsschädliche Zudringlichkeit«. – Je nach Gusto.

Bernhard Lambrecht (8.9.1897 Ilsenburg, Harz–22.12.1971 Wolfenbüttel). 1907–1916 Gymnasium in Wolfenbüttel. Nach dem Abitur Soldat im Ersten Weltkrieg. Konditorlehre in der Wolfenbütteler Konditorei seines Vaters. Im Anschluss Besuch der Kunstgewerbeschulen in Stuttgart und Braunschweig. In der Hofkonditorei »Fürst Reichskanzler« in Leipzig erste Versuche in modernistischer, am Weimarer resp. Dessauer Bauhaus geschulter Konditorei. 1926 Meisterprüfung. Ende 1927 Gründung der privaten »Fachschule für neue Konditoreikunst« in Wolfenbüttel (ab 1938 »Meisterschule des Konditorenhandwerks«). Ende 1929 Veröffentlichung des Grundlagenwerks »Vom neuen Stil in der Konditoreikunst«. Im Oktober 1931 Vortragsreise in Großbritannien. Im April 1932 Kurse in Wien, im Oktober 1932 in Dornbirn. Zahlreiche Prämierungen der Lambrecht-Schule auf Fachmessen und Fachausstellungen. Im August 1939 Einziehung zum Wehrdienst. 1948 Wiederaufnahme des Betriebs an der nunmehrigen Bundesfachschule, Lambrecht Direktor (bis 1969). 1950 Veröffentlichung des neuen Grundlagenwerks, »Das Gebot der Leckerheit«. 1962 Niedersächsischer Staatspreis für das gestaltende Handwerk. 1978 Umbenennung der Ausbildungsstätte in »Bundesfachschule für das Konditorenhandwerk – Bernhard-Lambrecht-Schule«.

Nachwort

Beim Essen hört sich der Spaß auf!

»A guads Schnitzi mit am Bier« (Ein gutes Schnitzel mit einem Bier) war die Antwort. Die Frage, die der »Steirische Herbst« 2024 – Generalthema »Horror Patriae«, soll heißen: die Dekonstruktion nationaler Mythen – am Ende des Ausstellungsparcours in der Neuen Galerie an einer interaktiven Station gestellt hatte, war: »Was bedeutet Heimat und Zugehörigkeit für dich?« – Da weiß man, wo man is(s)t! In Schnitzelland, aka Österreich.[1]

Im Frühjahr 2024 sorgte eine Forderung im Kommunalwahlprogramm der CDU Heilbronn bundesweit für Aufregung: »Obergrenze für Dönerläden!« Dass es um eine »Obergrenze für Dönerimbisse, Barbershops und Nagelstudios« ging – um die gewerbliche Nutzungsvielfalt in der Innenstadt sicherzustellen –, ging in der aufgeheizten Debatte schnell unter. Wahrgenommen wurde einzig der vermeintlich politisch motivierte Angriff auf das beliebte Streetfood »mit Migrationshintergrund« resp. »Migrationsgeschichte« (als Pars pro toto für Migranten).

Im Herbst 2024 beantragte die International Doner Federation (Udofed) mit Sitz in Istanbul bei der EU-Kommission, den Döner als »traditionelle Spezialität« schützen zu lassen. Und wollte damit die EU-weite Herstellung, Zubereitung und das Anrichten – als Tellergericht – dieses »nationalen Kulturguts« nach traditionell türkischen Richtlinien durchsetzen. Das hieße: Aus für den »Döner Kebab« in Fladenbrot und mit Soße!

Ein ziemlich unverschämter hegemonialer Anspruch, der, so der Döner-Historiker Eberhard Seidel, gleich zwei Sachverhalte ignoriert: zum einen, »dass der Döner Kebap keine Erfindung der Türkei ist, sondern ein Produkt des Osmanischen Reiches, in dem Türken, Griechen, Albaner, Juden, Armenier, Kurden und Araber sich gegenseitig in die Töpfe guckten und voneinander klauten und lernten. Das Ergebnis ist die Dreifaltigkeit: Döner-Gyros-

Schawarma.« Und die transkulturelle Entstehung: »Als türkische Gastarbeiter den Döner Kebap nach Deutschland brachten, führten sie die transkulturelle Toleranz weiter. Sie griffen etwas auf, was sie aus der Türkei kannten, und erschufen etwas völlig Neues – den German Döner!«[2]

2018 vergrämte der an der Universität Parma lehrende Wirtschafshistoriker Alberto Grandi seine Landsleute. Seine ketzerische These: Die traditionelle italienische Küche sei eine Erfindung findiger – um nicht zu sagen: windiger – Marketingfuzzis der 1970er- und 1980er-Jahre, also keine fünfzig Jahre alt. Die italienische Küche sei nichts anderes als ein Jurassic Park, ein für den Massentourismus gebastelter Mythos.[3] Und das Evangelium der authentischen italienischen Küche, Pellegrino Artusis »La scienza in cucina e l'arte di mangiar bene« (1891, Die Wissenschaft in der Küche und die Kunst des guten Essens) – *der* »Artusi« –, »ein von einem Dilettanten zusammengeschustertes« Machwerk.[4]

Grandi nahm den spezifisch italienischen Wildwuchs geschützter Herkunftsbezeichnungen, Ursprungsangaben und Qualitätssiegel und -zertifizierungen mit ihren aufgeblasenen Schutzkonsortien aufs Korn und verstieg sich in einem Interview mit der »Financial Times« – mit sichtlicher Lust an der Provokation (sehr) weit über das Ziel hinausschießend – etwa dazu, eine der »italienischsten« Speisen auszubürgern: Spaghetti carbonara – allgemeiner: Pasta alla carbonara – sei »ganz klar ein amerikanisches Gericht«, »ein typisch amerikanisches Frühstück [Eier und Speck], dem man Nudeln hinzufügte«. Damit brachte er nicht nur den größten italienischen Bauernverband, Coldiretti, gegen sich auf, der von einem »surrealen Angriff« auf die italienische Küche sprach. Auch der Rechtsnationalist Matteo Salvini, stellvertretender Ministerpräsident und Infrastrukturminister, polterte auf Facebook: »›Experten‹ und Zeitungen sind neidisch auf unseren Geschmack und unsere Schönheit« – und rührte die Trommel für »Made in Italy«: »Italienisch kaufen, essen und trinken ist gut für Gesundheit und Umwelt und sichert Arbeitsplätze.« Grandis Angriff kam denkbar ungelegen, war Italien doch gerade dabei, die Landesküche als immaterielles UNESCO-Kulturerbe anerkennen zu lassen.

Im April 2023 bekamen fünfhundert niederösterreichische Wirtshäuser Post von der Landesgeschäftsstelle der FPÖ, Abteilung zur Förderung der patriotischen Esskultur. Betreff: »Wirtshausprämie und Panierquote Neu«: »In den letzten Jahren gerieten unsere traditionellen Speisekarten gleich von zwei Seiten unter Druck: Einerseits von den ins Land strömenden fremden

Kulturen, die etwa Kebab oder Gyros einschleppen und salonfähig machen. Andererseits aber auch von den immer mehr werdenden Wienern, die sich als Zweitwohnsitzer in unserem schönen Bundesland ansiedeln und die Nachfrage nach anglikanischen Trend-›Speisen‹ wie Tofu erhöhen.« Man werde nun eine »Gegenoffensive« lancieren und eine »Wirtshausprämie« ausloben für Gastronomiebetriebe, die »besonders heimatverbunden kochen«. Kriterien: unter anderem die »Panierquote« (»Die knusprige Panier ist das A und O der ostösterreichischen Küche. Je mehr panierte Speisen auf der Karte, desto höher die Bewertung, gerne auch im Dessertbereich.«) und eine »rot-weiß-rote Kinderkarte« zur heimatverbundenen kulinarischen Sozialisierung auch schon der Kleinsten, etwa mit »Andreas-Hofer-Schnitzel oder dem Gabalier-Fleischlaberl«. Der Brief endete mit dem Aufruf: »Mit Ihrer Hilfe können wir unsere niederösterreichische Seele auch in kulinarischer Hinsicht bewahren.«

Allzu dick aufgetragen hatte das Satire-Portal »Die Tagespresse« bei ihrer Persiflage auf die Wirtshausprämie der FPÖ Niederösterreich gar nicht. Man denke etwa an die an Wirtshausstammtischen für grölende Heiterkeit sorgende Idee, ein neues Kriterium für die Zuerkennung der österreichischen Staatsbürgerschaft einzuführen: den öffentlichen Verzehr eines Schnitzels – eines schweinernen selbstverständlich.

Ein paar Schnappschüsse nur, die eins zeigen: Beim Essen hört sich der Spaß auf. Eh man sich's versieht, wird es zum Politikum, artet es zum Kulturkampf aus. Ein kulinarischer Kanon hat identifikatorische Bedeutung. Er markiert Zugehörigkeit ebenso, wie er Andersessende ausschließt. Die Demarkationslinien sind gezogen, Stichwort »Weißwurst-Äquator«, Rös(ch)tigraben ... Es kommt nicht von ungefähr, dass Sprach- und damit auch nationale resp. Kulturgrenzen mit Speisen bezeichnet werden.

Das Leiblich-Sinnliche ist unauflöslich mit personaler Identität verquickt, der jeweilige Umgang mit Essen (und Trinken) geradezu charakterologisches Fundament. Wie beschrieb Lina Loos, die sich selbst als »Wienerin durch und durch« bezeichnete, die Hartherzigkeit und Stumpfsinnigkeit eines wohlhabenden Sieveringer Weinhauers? – »Dem war das alles gleichgültig. Ob der Salat aus Kipflern[a] oder runden Erdäpfeln, ob der Strudel mehr oder weniger dünn ausgezogen war, ja er konnte nicht einmal ein Scherzel von ei-

a *Kipfler*] speckige (festkochende) Erdäpfel- / Kartoffelsorte. In der Wiener Küche *die* Sorte für Erdäpfelsalat.

nem Hieferschwanzel unterscheiden[a] – für den war Rindfleisch Rindfleisch –, so ein Mann war das.«[5]

Speisen und Getränke, deren Zubereitung und Verzehr sind integrales Element von Kultur und hochgradig orientierungs- und identitätsstiftend. Unter Bedingungen der Entbehrung wird das überdeutlich. Das führen die vier Dutzend wissenschaftlichen und belletristischen Beiträge, die das Begleitbuch zur Ausstellung der Österreichischen Exilbibliothek »Küche der Erinnerung. Essen & Exil« versammelt, eindringlich vor Augen.[6] Nicht nur in einzelnen Gerichten, die in der Literatur des Exils sehnsuchtsvoll imaginiert werden, manifestiert sich der »Heimathunger«[7] aus Österreich Vertriebener und Geflüchteter, sondern auch in der schmerzlichen Erinnerung vertrauter gastronomischer Institutionen.

Eine unheimliche Szene, in der »Heimathunger« eine eherne *politische* Demarkationslinie zum weißen Elefanten degradiert, schildert Charles E.

---

a *Scherzel … Hieferschwanzel*] Teilstücke vom Rind. – Rindfleisch ist resp. war in Wien mitnichten gleich Rindfleisch. Joseph Wechsberg, »Altösterreicher« des Jahrgangs 1907 und in einem gutbürgerlichen Haushalt herangewachsen, in dem zu Mittag vier Mal die Woche Rindfleisch serviert wurde, überliefert in seinem Buch »Forelle blau und schwarze Trüffeln« eine Episode aus dem legendären Wiener Restaurant »Meissl & Schadn«, dessen Karte zu seinen besten Zeiten mit zwei Dutzend Rindfleischspezialitäten bestückt war: Um zwölf Uhr fünfzehn betritt Hofrat v. B. den Speisesaal und nimmt Platz, um, wie schon seit Dezennien, seinen heißgeliebten Tafelspitz zu verzehren. Tatsächlich *seinen,* den schmal auslaufenden und an das nächste Gustostück, das Hüferschwanzel, grenzenden Teil des »Königs des Wiener Rindfleischs« nämlich. Nach einer angemessenen Pause werden, wie üblich, die Silberplatte mit dem in der Brühe ruhenden Fleisch sowie die Beilagen aufgetragen – allein, es hebt nicht, wie üblich, der rayonzuständige Kellner den Deckel von der Servierplatte, um das Fleisch zu präsentieren, sondern auf seinen diskreten, aber eindringlichen Blick hin verlässt der steinalte Oberkellner Heinrich seinen Kommandoposten neben der Tür und steuert unter den Blicken aller Anwesenden auf den Tisch zu, um sich zu Herrn Hofrat v. B. hinabzubeugen, bis sein Mund beinah dessen Ohr berührt: »Ich bin untröstlich, Herr Hofrat«, flüstert er, »ein höchst bedauerliches Versehen in der Küche … Der Tafelspitz des Herrn Hofrat hat zu lange gekocht. Er hat sich …« Schnöde gesagt: *zer*kocht. Betreten und um die Vergeblichkeit seines »Vorschlags in Güte« wissend, zu dem er anhebt, fährt er um Atem ringend fort: »Ich habe mir die Freiheit genommen, für den Herrn Hofrat das hintere Teil des Hieferschwanzl zu bestellen, das direkt neben dem Tafelspitz liegt und fast genauso schmeckt.« Auf sein Nicken hin lüftet der Kellner schwungvoll den Deckel und präsentiert das prächtige Stück zarten, saftigen Fleisches. Wie vom Schlag gerührt setzt sich Herr Hofrat v. B. kerzengerade auf, wirft einen kurzen, empörten Blick auf das Fleisch, erhebt sich, verlangt Hut und Stock und verlässt mit den Worten »Mein lieber Heinrich, da hätten S' mir gleich ein Kalbskotelett anbieten können!« das Lokal. – Die Anekdote illustriert die über Jahrhunderte gewachsene hohe Schule der Wiener Rindfleischküche, die jedes einzelne Teilstück in seinen jeweiligen Geschmacks- und Textureigenheiten zu würdigen weiß resp. wusste.

Ritterband, damals Korrespondent der »Neuen Zürcher Zeitung« in Buenos Aires. Schauplatz ist die Residenz des Botschafters der Republik Österreich: »Die Sachertorte stand also mitten auf dem Tisch, und der Tisch stand im größten Raum einer hübschen Villa an der ›Straße des 11. September‹, Nummer 1270, im eleganten Stadtteil Belgrano. Die Torte war von der Gattin des Botschafters persönlich zubereitet worden; ein kleines Kunstwerk. Sie verströmte in der Nase den Duft und am Gaumen das Aroma des alten Europa, des fernen Wien – ebenso wie andere, auf die Gäste wartende Delikatessen: Wiener Schnitzel, Backhendl, Zwiebelrostbraten. Wiener Spezialitäten genossen höchstes Ansehen in der österreichischen Kolonie von Buenos Aires, und sie ließen die Exilierten Jahr für Jahr, am 26. Oktober, in die Straße des 11. September strömen. Der lange Tisch mit den kulinarischen Köstlichkeiten war zugleich eine Demarkationslinie: Links pflegten sich jene zu versammeln, die in den Jahren 1938 bis 1939 nach Argentinien gekommen waren – manche unter kaum vorstellbaren Schwierigkeiten und auf gefahrvollen Umwegen. Auf der rechten Seite des Tisches hielten sich jene auf, die nach 1945 gekommen waren – aus ganz anderen Motiven. Die Gäste rechts und links des Tisches pflegten kein Wort miteinander zu wechseln. Sie ignorierten einander, so gut es ging. Aber alle stürzten sich mit genau demselben sehnsüchtigen Heißhunger auf die Speisen, und als der Botschafter eine Schallplatte mit der Nationalhymne auflegte, sangen sie inbrünstig mit. Vielmehr: Sie bemühten sich mitzusingen. Denn die Schallplatte, die der Botschafter persönlich auf einem Plattenspieler, der noch aus den 50er-Jahren stammen mochte, auflegte, wurde mit der falschen Geschwindigkeit abgespielt. Seltsam getragen und übertrieben feierlich kam die österreichische Nationalhymne daher, an jenem Frühlingsabend im Oktober im fernen Buenos Aires.«[8]

Der Gaumen ist ein konservativer Geselle. Einmal geprägt, versteift er sich aufs Altbekannte. »Einmal anders«: Das kann sogleich Unlust, Verdrossenheit, Widerwillen, Panik auslösen. »Ich esse alles, Hauptsache, es ist immer dasselbe«,[9] brachte Ludwig Wittgenstein die Freuden der Monotonie, die Geborgenheit im Vertrauten, das Beharren auf immer Dasselbe auf den Punkt – beim Essen eher die Norm als die Ausnahme. In die Ferne schweifen? – Ja, gern! Sich (auch) die große weite Welt des Geschmacks erschließen? – Um Gottes willen! Kulinarisch wird auch auf Reisen keinen Zentimeter vom ausgetretenen Pfad abgewichen. Mag die Umgebung noch so exotisch sein, beim Essen muss alles wie zu Hause sein.

Das letzte Residuum unschuldiger, elementarer Lust wird bockig verteidigt, das will man sich nicht auch noch zivilisatorisch vermiesen lassen. Man erinnere sich an Jamie Olivers kläglich gescheiterten Versuch, in britischen Schulkantinen gut, soll heißen gesund zu kochen. Die Folgen der von oben verordneten Segnung: Abmeldungen vom Schulessen und Mütter, die den verzagten Kindern Care-Pakete mit Hamburgern und Fritten über den Schulzaun warfen.

Allenthalben wird das »Kulinarische Erbe« inventarisiert, autochthone Kulturpflanzen, im Verschwinden begriffene Nutztierrassen, lokale Delikatessen. Nicht von ungefähr haben die Franzosen damit begonnen. Und nicht von ungefähr lief das in Frankreich unter der Ägide des Kulturministeriums (siehe dazu Stefan Grossmanns »Brief aus Paris«, S. 89ff.) und nicht wie anderswo unter Federführung des jeweiligen Landwirtschaftsressorts.[10] Ziel der nationalen Kraftanstrengung – von 1993 bis 2012 erschienen 24 jeweils einer Region gewidmete Bände – war es, in schnelllebigen Zeiten (kulinarische) Ankerpunkte zu kartieren, »à l'heure de la banalisation du goût«[a] die Aufmerksamkeit auf das traditionell Zuhandene zu lenken und sich des Spezifischen zu versichern, das in Gefahr war zu verschwinden.[11]

Wenn's nötig ist, etwas unter die Glasglocke des Denkmalschutzes zu stellen, ist's darum in aller Regel ziemlich schlecht bestellt. Das widerfuhr 2010 der »Französischen Mahlzeit«. Nicht dem Gerichte-Kanon der französischen Küche wohlgemerkt, das Ritual der ausgiebigen kulinarischen Konvivialität wurde von der UNESCO in den Rang eines »immateriellen Weltkulturerbes« erhoben. Die Globalisierung industriell produzierter Einheitskost hatte vor dem Hexagon nicht Halt gemacht. Hatte Roland Barthes schon 1954 das Kulturgut des »bifteck«, Inbegriff französischen Küchenpatriotismus, durch die »Invasion des amerikanischen Steaks« bedroht gesehen, musste einem um das alimentäre Bekenntnis zur »francité« (Barthes) nun vollends angst und bang werden.[12] Nirgends in Europa verzeichneten Fast-Food-Ketten wie McDonald's, Kentucky Fried Chicken oder Subway höhere jährliche Zuwachsraten als im Mutterland der »bonne chère« (des guten Essens), nirgends spiegelte der zunehmende Konsum von Tiefkühlkost, Convenience-Produkten und Fertiggerichten den Verfall traditioneller Esskultur drastischer wider.

»The Culinary Heritage of Austria / Das kulinarische Erbe Œsterreichs«, ein zweisprachiges Unternehmen »kulinarischen Denkmalschutzes«, zeigte

a In einer Zeit, da die Geschmäcker verflachen.

2002 an, woher der Wind wehte: Es ging um die Kodifizierung von hundert traditionellen Gerichten und deren überlieferter Rezepturen »in Zeiten der gesellschaftlichen Mobilität und der Globalisierung«.[13] Bereits Franz Maier-Brucks Inventur der österreichischen Bauernküche und Hausmannskost »Vom Essen auf dem Lande«, an Informationsdichte bis heute unübertroffen, war 1981 unter dem Zeichen unwiederbringlichen Verlusts gestanden.[14]

Vielleicht ist das Repertoire überlieferter Speisen ja der symbolische Ersatz für etwas, was längst verlorengegangen ist, die letzte Zuflucht für nationale und kulturelle Identität vor der großen Gleichmacherei.

Vermintes Gelände war es immer schon. Eingriffe in Ernährungsgewohnheiten, in über Generationen tradierte Kost rühren an den Nerv kollektiver Identität. Da stehen nicht bloß (kulturell geprägte) individuelle Vorlieben auf dem Spiel, sondern das Ganze: das Vertraute, das Unverwechselbare.

Wilde Schlägereien zwischen seiner Entourage und Hunderten Gegnern hinderten Marinetti am 15. Dezember 1931 in Modena daran, seinen angekündigten Vortrag über Luftdichtung und Luftmalerei zu halten. Nicht verkalkte Reaktionäre demonstrierten handgreiflich ihren Unwillen, es waren Jugendliche, Studenten. Und ihre Wut hatte sich nicht an Marinettis Forderung entzündet, sämtliche Museen, Akademien und antiken Denkmäler dem Erdboden gleichzumachen und die Bibliotheken abzufackeln. Marinetti hatte ihnen ihr Essen, ihr uritalienisches Essen madig gemacht, *das* trieb sie auf die Barrikaden. »Der Magen ist empfindlicher als Kopf und Herz. Und bei der Speiskarte hört der Snobismus auf«, resümierte ein anonymer Berichterstatter die Vorfälle: »Bismarck[a] hat einmal gesagt, daß die Macht seines Kaisers bei der Tür des Salons seiner Frau aufhöre. Die Macht der Reformatoren und der Revolutionäre hört bei der Küchentür auf.«[15]

a *Bismarck*] Soll heißen: Beim Essen (und Trinken) ließ er sich von (gar) niemand dreinreden. Und Otto von Bismarcks Gefräßigkeit und Trinkfestigkeit waren ebenso legendär wie notorisch.

Anmerkungen

Filippo Tommaso Marinetti: Weg mit der Pasta!

1 Antonella Mauri: Gastronomia futurista per tutti. Umberto Notari e »La Cucina Italiana«. In: Rossella Lorenzi, Barbara Meazzi, Serge Lorenzo Milan: Futurismo a Nizza. La mostra ritrovata (1934). Chambéry 2023, p. 199–229. HAL Id: hal-04014782, https://hal.science/hal-04014782v1

2 Ebd.

3 F[illippo] T[ommaso] Marinetti und Fillia: Die futuristische Küche. Aus dem Italienischen von Klaus M. Rarisch. Stuttgart 1983 (= Cotta's Bibliothek der Moderne, Bd. 12) [Italienische Erstausgabe: Filippo Tommaso Marinetti e Fillia: La cucina futurista. Milano 1932], S. 57.

4 Ebd., S. 51–57.

5 Ebd., S. 34.

6 Roswitha Neu-Kock: Die zehnte Muse. Kochkunst und Künstler im Dialog. In: Paul Beusen, Sybille Ebert-Schifferer, Ekkehard Mai (Hg.): L'Art gourmand. Stillleben für Auge, Kochkunst und Gourmets von Aertsen bis Van Gogh. Eine Ausstellung des Gemeentekrediet, Brüssel, des Hessischen Landesmuseums, Darmstadt, und des Wallraf-Richartz-Museums, Köln. Katalog. Gent 1996, S. 73–88, hier S. 82, Sp. 2.

7 Ralf Beil: Obstbomben für Italien. Filippo Tommaso Marinetti und der Futurismus. In: Ders.: Künstlerküche. Lebensmittel als Kunstmaterial von Schiele bis Jason Rhoades. Köln 2002 (DuMont), S. 38–57, hier S. 55, Fn. 9. Auf das »Faktum der fingierten Darstellung« kommt Beil auf S. 56, Fn. 63, zurück. – Auch im Vorwort einer englischen Ausgabe der »Futuristischen Küche« ist die Rede von »spoof history« (Schwindel- resp. fingierter Geschichte) (Marinetti: the futurist cookbook. Translated by Suzanne Brill. Edited with an introduction by Lesley Chamberlain. London 1989, p. 20). – Klaus Ebenhöh und Wolfgang Popp schreiben noch 2008: »Hier [in der »Futuristischen Küche«] dominierte eine oft unverhohlene Ironie, die ihren Gegenstand nicht ganz ernst zu nehmen schien. Einerseits blitzte sie in den Formulierungen auf, andererseits in der Machart des Buchs, da Marinetti immer wieder fiktive Zeitungsartikel zitierte, die in Wahrheit von ihm selbst verfasst worden waren« (Klaus Ebenhöh, Wolfgang Popp: Auf dem Weg zum mechanischen Menschen. Filippo Tommaso Marinetti und die Küche der Futuristen. In: Dies.: Der Philosoph im Topf. Essende Denker. Denkende Esser. St. Pölten, Salzburg 2008, S. 206–222, hier S. 216).

8 Anonym: Italy May Down Spaghetti. Fascist Writer, All Wound Up in Health Subject, Begs Countrymen to Swallow New Theory. In: Los Angeles Times, Vol. L, December 30, 1930, Morning, p. 9.

9 Edmond Taylor: Ah! Mussolini! Spare Italy This Great Hardship. This Villain Wants to Abolish Spaghetti. In: Chicago Tribune, Vol. LXXXIX, No. 312 C, December 30, 1930, Final Edition, p. 7.

10 Arnaldo Cortesi: Assails Macaroni As Bane of Italy. Marinetti Ascribes to It Defects in the National Character He Lists and Deplores. In: The New York Times, Vol. LXXX, No. 26,643, January 4, 1931, Section 3, p. E 4 [79]].

11 Anonym: Two Views on Diet: Italian Attack on Macaroni. No »Cubic-Laden Masses« Wanted. In: The Daily Telegraph, No. 23.594, December 30, 1930, London Late Edition, p. 12.

12 Anonym: The Food oft he Futurist. In: The Times. Royal Edition, No. 45.721, January 15, 1931. p. 13; Futurist Cookery. An Italian Programme. From our Milan Correspondent. In: The Times. Royal Edition, No. 45.721, January 15, 1931. p. 15.

13 Mario Passarge: Battaglia dei maccaroni. In: Vossische Zeitung, Nr. 12, 8.1.1931, Morgen-Ausgabe, Unterhaltungsblatt [S. 2].

14 Anonym [»Von unserem Mailänder Vertreter«]: Kampf den Makkaroni! Marinettis Manifest der futuristischen Kochkunst. In: Hamburger Fremdenblatt, Jg. 103, Nr. 10, 10.1.1931, Abend-Ausgabe, S. 3.

15 Margit Veszi: Futuristenkrieg gegen das Makkaroniessen. In: Pester Lloyd, Jg. 78, Nr. 57, 11.3.1931, Morgenblatt, S. 1–2.

16 Margit Veszi: Der Makkaronikrieg des Futuristenkönigs. Bilder von einer futuristischen Veranstaltung. In: Neue Freie Presse, Nr. 23894, 22.3.1931, Morgenblatt, S. 32–33.

17 Anonym: Nieder mit den Makkaroni! In: Neues Wiener Journal, Jg. 39, Nr. 13.478, 31.5.1931, S. 27.

18 Joachim Friedenthal: Manifest der futuristischen Küche. Kochrezepte für den Zukunftskrieg. In: Die Stunde, Jg. 9, Nr. 2342, 4.1.1931, S. 5–6.

19 F.-T. Marinetti vient de lancer le manifeste de la cuisine futuriste. Voici les principaux passages du manifeste. In: Comœdia, année 28, no. 3.573, 20.1.1931, p. 1.

20 Paul Ginisty: La cuisine futuriste. In: Le Petit Marseillais, année 64, no. 22.875, 29.1.1931, p. 1.

21 André Rousseaux: La cuisine futuriste, S. E. Marinetti à Paris. In: Je suis partout. Le grand hebdomadaire de la vie mondiale, année 2, no. 18, 28.3.1931, p. 5.

22 Antonella Mauri: Gastronomia futurista per tutti (wie Anm. 1).

23 Filippo Tommaso Marinetti: Manifeste des Futurismus. Aus dem Italienischen von Stefanie Golisch. Berlin 2024 (= Fröhliche Wissenschaft, Bd. 124), S. 168–178. Mit minimalen formalen Änderungen analog dem Erstdruck in der »Gazzetta del Popolo«.

24 Marinetti: Die futuristische Küche (wie Anm. 3), S. 31–50.

25 Ebd., S. 31.

26 Ebd., S. 32–33.

27 Una battaglia intorno. L'anatema di Marinetti e la difesa di Bontempelli. In. La Cucina Italiana, anno II, n. 12, 15.12.1930, p. 2.

28 S. E. Marinetti lancia il nuovo verbo per la Cucina Futurista. In: La Cucina Italiana, anno III, n. 1, 15.1.1931, p. 2.

29 Anonym: Continua l'alta polemica sulla pasta asciutta. In: La Cucina Italiana, anno III, n. 2, 15.2.1931, S. 2.

30 Anonym: Il verbo della scienza sulla pasta asciutta. I grandi fisiologi italiani rispondono al nostro referendum. In: La Cucina Italiana, anno III, n. 3, 15.3.1931, S. 2.

31 Anonym: Altri insigni fisiologi rispondono al nostro referendeum sulla pasta asciutta. In: La Cucina Italiana, anno III, n. 4, 15.4.1931, p. 2.

32 Anonym: Fine della polemica sulla pasta asciutta. In: La Cucina Italiana, anno III, n. 5, 15.5.1931, S. 5.

33 Marinetti: Die futuristische Küche (wie Anm. 3), S. 34.

34 Ebd., S. 31.

35 Ebd., S. 42–43.

36 Altri insigni fisiologi rispondono al nostro referendeum sulla pasta asciutta. In: La Cucina Italiana, anno III, n. 4, 15.4.1931, p. 2.

37 Marinetti: Die futuristische Küche (wie Anm. 3), S. 34–39
38 Paolo Monelli: Io difendo la pasta asciutta (Monelli contro Marinetti e Ramperti). In: Gazzetta del Popolo, anno 84, n. 3, 3.1.1931, Edizione Meridiana, S. 3.
39 Marinetti: Die futuristische Küche (wie Anm. 3), S. 32.
40 Rousseaux: La cuisine futuriste (wie Anm. 21), p. 5.
41 Marinetti: Die futuristische Küche (wie Anm. 3), S. 31–32.
42 Harald Lemke: Futuristische Revolution der Kochkunst. In: Ders.: Die Kunst des Essens. Eine Ästhetik des kulinarischen Geschmacks. Bielefeld 2007, S. 17–42, hier S. 35.
43 Beil: Künstlerküche (wie Anm. 7), S. 44.
44 Ebd., S. 44.
45 Marinetti: Die futuristische Küche (wie Anm. 3), S. 85.
46 Ebd., S. 84.
47 Ebd., S. 84–85.
48 Rousseaux: La cuisine futuriste (wie Anm. 21), p. 5.
49 Ruth Hiltebrandt. Revolution der italienischen Küche? Das futuristische Bankett in Turin. In: Kölnische Zeitung, Nr. 152, 18.3.1931, Morgen-Ausgabe [S. 2].
50 Hans Mönkeberg: Hier speist man futuristisch! In: Kölner Lokal-Anzeiger, Nr. 180, Morgen-Ausgabe, 16.4.1931, S. 4.
51 Marinetti: Die futuristische Küche (wie Anm. 3) [S. 5].
52 Siehe dazu: Kunstforum International, Bd. 159 (April–Mai 2002): Essen und Trinken, Teil I; Kunstforum International, Bd. 160 (Juni–Juli 2002): Essen und Trinken, Teil II.
53 Anonym in: Kölnische Zeitung, Nr. 264, 17.5.1931, Beilage zur Ersten Sonntags-Ausgabe [S. 3].
54 Anonym: 500 Jahre Spaghetti. In: Kölner Lokal-Anzeiger, Nr. 266, 9.6.1931, Morgen-Ausgabe, S. 6.
55 Vgl. dazu unter anderem: Margit Vészi: Fräulein Simultana. Das neueste Bühnenwerk des Futuristenkönigs Marinetti. In: Die Bühne. Zeitschrift für Theater und Gesellschaft, Jg. 8, Nr. 310, Zweites Augustheft 1930, S. 40–41 u. 59.
56 F. T. Marinetti: [redaktioneller Titel] S. E. Marinetti lancia il nuovo verbo per la Cucina Futurista. In: La Cucina Italiana, anno III, n. 1, 15.1.1931, p. 2.
57 Anonym: Un nuovo concorso. Premi cospicui alle ricette per il miglior condimento della pasta asciutta. In: La Cucina Italiana, anno III, n. 9, 15.9.1931, p. 2.
58 Anonym: Il Comitato di Degustazione per il Concorso »Puritas« e per altri Prodotti Nazionali. In: La Cucina Italiana, anno 4, n. 3, 15.3.1932, p. 1.
59 Anonym: Sughi e Salse. In: La Cucina Italiana, anno 4, n. 4, 15.4.1932, p. 3.

Adolf Loos: Die Wiener Küche ist die ekelhafteste der Welt!

Ein vager Hinweis Anton Kuhs hatte mich auf die Spur des Loos-Vortrags geführt, der im Standardwerk zur Loos-Forschung, bei Rukschcio/Schachel (Burkhardt Rukschcio, Roland Schachel: Adolf Loos. Leben und Werk. Salzburg, Wien 1987, S. 708: 10. Vorträge) nicht verzeichnet war: Loos habe, »als er das vorletzte Mal in Wien weilte«, vom Vortragspodium aus eine Kriegserklärung gegen die Wiener Mehlspeise lanciert (Anton Kuh: Die Verhaftung Adolf Loos'. In: Vossische Zeitung, Nr. 216, 9.9.1928, 1. Beilage [S. 1–2]). Publiziert habe ich darüber erstmals im April 2006 (Pompfuneber-Gastronomie und Mehlspeisg'frieß. In: Journal Culinaire. Wissenschaft und Kultur des Essens, Heft 02: Essen in der Kunst, April 2006, S. 64–71), kurz darauf beim Symposium »Leben mit Loos« (Wien, 17.–18. November 2006) zum Thema gesprochen (Veröffentlicht unter dem Titel: »Gedanken im Abort bei Betrachtung meiner Exkremente«. Adolf Loos' Philippika gegen die Wiener Küche. In: Leben mit Loos. Hg. v. Inge Podbrecky u. Rainald Franz. Wien, Köln, Weimar 2008 [= Schriften des Verbands österreichischer Kunsthistorikerinnen und Kunsthistoriker, Bd. 3], S. 255–265).

1 Anton Kuh: Die Verhaftung Adolf Loos'. In: Vossische Zeitung, Nr. 216, 9.9.1928, 1. Beilage [S. 1–2].
2 Zitiert nach: Anonym: Wiener Gemeinderat (Sitzung vom 21. Oktober). In: Neues Wiener Tagblatt, Jg. 44, Nr. 290, 22.10.1910, S. 6–8, hier S. 7 (unter dem Zwischentitel »Der Neubau am Kohlmarkt«).
3 Anonym: Ein erbitterter Feind der Wiener Küche. Architekt Loos übt scharfe Kritik. In: Neues Wiener Journal, Jg. 35, Nr. 11.942, 20.2.1927, S. 6.
4 Mehlspeisg'friß: Lo(o)s von der (über die) Wiener Küche! Eine Philippika gegen das Wiener Vielessen. In: Der Tag, Jg. 6, Nr. 1516, 20.2.1927, S. 10.
5 Ebd.
6 Tb.: Küche und Politik. In: Der Tag, Jg. 6, Nr. 1544, 20.3.1927, S. 4.
7 Mehlspeisg'friß: Lo(o)s von der (über die) Wiener Küche! (wie Anm. 4).
8 Oskar Kokoschka in: Mein Leben. München 1971, S. 94.
9 Mehlspeisg'friß: Chefkoch gegen Chefarchitekt. Der Verband der Köche Österreichs über den Vortrag Loos. In: Der Tag, Jg. 6, Nr. 1521, 25.2.1927, S. 4.
10 Adolf Loos: Die Frau und das Haus. In: Neue Freie Presse, Nr. 12283, 3.11.1898, Morgenblatt, S. 5.
11 Adolf Loos: Wie wir leben. Etikettefragen. In: Das Andere. Ein Blatt zur Einführung abendländischer Kultur in Österreich: Geschrieben von Adolf Loos, Jg. 1, Nr. 1 [1.10.1903], S. 7–8.
12 Adolf Loos: Was wir lesen. In: Das Andere. Ein Blatt zur Einführung abendländischer Kultur in Österreich: Geschrieben von Adolf Loos, Jg. 1, Nr. 2, 15.10.1903, S. 5.
13 Adolf Loos: Briefkasten. Versuch. In: Das Andere. Ein Blatt zur Einführung abendländischer Kultur in Österreich: Geschrieben von Adolf Loos, Jg. 1, Nr. 2, 15.10.1903, S. 9.
14 Vom Stehen, Gehen, Sitzen, Schlafen, Essen und Trinken. Vortrag Adolf Loos', 4.2.1911, Wien, Musikverein, Großer Saal; Adolf Loos: Vom Gehen, Stehen, Sitzen, Liegen, Schlafen, Essen, Trinken. In: Der Sturm. Wochenschrift für Kultur und die Künste, Nr. 87, November 1911, S. 691–692.
15 Adolf Loos: Wohnen lernen! In: Neues Wiener Tagblatt, Jg. 55, Nr. 132, 15.5.1921, S. 8.
16 Adolf Loos: Die moderne Siedlung. In: Der Sturm. Wochenschrift für Kultur und die Künste, Jg. 17, H. 10, Februar 1927, S. 161–176.
17 Adolf Loos: Vom Nachsalzen. Adolf Loos erzählt. In: Der Adler. Unabhängiges Tagblatt für bodenständige Politik und Kultur, Jg. 1, Folge 10, 16.7.1932, S. 7.
18 Adolf Loos: Was man uns verkauft. In: Das Andere. Ein Blatt zur Einführung abendländischer Kultur in Österreich: Geschrieben von Adolf Loos, Jg. 1, Nr. 1 [1.10.1903], S. 3–4, hier S. 3.
19 Adolf Loos: Was man uns verkauft. In: Das Andere. Ein Blatt zur Einführung abendländischer Kultur in Österreich: Geschrieben von Adolf Loos, Jg. 1, Nr. 2, 15.10.1903, S. 4.
20 Claire Loos: Küchenzettel. In: Elsie Altmann-Loos, Lina Loos, Claire Loos: Adolf Loos – Der Mensch. Hg. von Adolf Opel. Wien 2002, S. 203–204, hier S. 203. – Vgl. auch: Elsie Altmann-Loos: Felix Austria. Un libro de cocina. Recetas y relatos de la Viena imperial. Buenos Aires 1984. Französische Ausgabe: Elsie Altmann-Loos: recettes et souvenirs de Vienne. Traduit et adapté de l'espagnol par Denise Laroutis. Paris 1986.

21 G. S.-W.: Noch einmal zum »Interview [mit] einer modernen Hausfrau«, Kapitel: Küche. In: Neue Freie Presse, Nr. 22442, 8.3.1927, Morgenblatt, S. 16.
22 Anonym: Die lebende Speisekarte. In: Illustriertes Wiener Extrablatt, Jg. 56, Nr. 57, 27.2.1927 S. 4.
23 Verband der Köche Österreichs: Wiener oder Pariser Küche? Die Wiener Köche zur Ehrenrettung der Wiener Küche. In: Reichspost. Unabhängiges Tagblatt für das christliche Volk, Jg. 34, Nr. 59, 1.3.1927, S. 5.
24 Franz Schweiger: Die verschmähte Wiener Küche. In: Neues Wiener Journal, Jg. 35, Nr. 11.946, 24.2.1927, S. 7.
25 Anonym: Zur Einführung. In: Das Buch der Kochkunst. Eine Sammlung mustergültiger Kochrezepte aus dem Erfahrungsschatz der prominenten Köche Österreichs. Offizielles Kochbuch des Verbandes der Köche Österreichs. Wien o. J. [1933], S. IV.
26 Österreichischer Hausfrauenbund: Die schaffende Hausfrau. Prämiierte Kochrezepte vom Kochwettbewerb »Die schaffende Hausfrau«. Wien 1938, S. 3.
27 Karl Lentze: Vorwort zur 16. bis 18. Auflage. In: Eduard Baltzer: Baltzer's Vegetarisches Kochbuch / Vegetarisches Kochbuch für Freunde der natürlichen Lebensweise von Eduard Baltzer. Neu bearbeitet von Karl Lentze. 18. verbesserte Auflage Leipzig 1913, S. III.
28 Porzellan-Fabriken Gebr. Bauscher Weiden (Oberpf.) und Lorenz Hutschenreuther A.-G. Selb (Hg.): Erprobt und bewährt. Bürgerliches Kochbuch. 860 Rezepte und Abhandlungen / 32 Kunstdrucktafeln und / 60 Illustrationen im Text. 2. Auflage o. O. [um 1930], S. 313.
29 Haus Vaterland am Potsdamer Platz: [Festschrift zur Eröffnung] o. O. o. J. [Berlin 1928] [S. 15].
30 Felix Josky: Der Mensch »ißt« gut – auch in Berlin. Erster Rundgang durch Berlins Gaststätten. In: Das Magazin, Nr. 93, Mai 1932, S. 7139–7142, hier S. 7139.
31 Ebd.
32 Bac.: Das Wiener Weh. In: Die Stunde, Jg. 5, Nr. 1235, 21.4.1927, S. 5.
33 Mehlspeisg'friß: Lo(o)s von der (über die) Wiener Küche! (wie Anm. 4). – Wenn Loos die Wiener wieder einmal als die »unmöglichsten Menschen des Erdballs« verhöhne, dann spreche »aus seinen Sätzen mehr Liebe zu diesen Modellen seiner Satire, als tausend Schönredner aufzubringen vermöchten«, unterstellt auch ein anonymer Kurzbericht (»Adolf Loos über die Wiener Küche«) in der »Neuen Freien Presse«, Nr. 22426, 20.2.1927, Morgenblatt, S. 9.
34 Adolf Loos: Der Tag der Siedler. In: Neue Freie Presse, Nr. 20329, 3.4.1921, Morgenblatt, S. 10–11.
35 Hans Bernert: Von Tafelspitz bis Topfenknödel. Die Neue Wiener Küche. München 1984, S. 22. – »Die zehn Gebote der Neuen Wiener Küche« auf den Seiten 20 und 21.
36 U. a. Ernest Forgo, Verteidigung der Wiener Küche. War Adolf Loos ungerecht gegen sie? In: Die Stunde, Jg. 5, Nr. 1190, 26.2.1927, S. 4.
37 Max Graf: Wiener Küche. In: Der Tag, Jg. 6, Nr. 1523, 27.2.1927, S. 3.
38 Mehlspeisg'friß: Chefkoch gegen Chefarchitekt (wie Anm. 9).
39 Schweiger: Die verschmähte Wiener Küche (wie. Anm. 24).
40 Mehlspeisg'friß: Chefkoch gegen Chefarchitekt (wie Anm. 9).
41 Graf: Wiener Küche (wie Anm. 40).
42 Robert Habs, L[udwig] Rosner: Appetit-Lexikon. Ein alphabetisches Hand- und Nachschlagebuch über alle Speisen und Getränke. Zugleich Ergänzung eines jeden Kochbuches. Zweite[,] den modernen Anforderungen entsprechend umgearbeitete Auflage. Wien 1894, S. 344.

43 Graf: Wiener Küche (wie Anm. 40).
44 Alfred Polgar: Fall Loos. In: Das Tagebuch, Jg. 9, H. 37, 15.9.1928, S. 1536–1537, hier S. 1537.
45 Anonym: Die lebende Speisekarte. In: Illustriertes Wiener Extrablatt, Jg. 56, Nr. 57, 27.2.1927, S. 4.
46 Karl Kraus: Notizen. Vorlesungen. In: Die Fackel, Jg. 29, Nr. 759–765, Mai 1927, S. 25–44, hier S. 35.
47 Ebd., S. 43.
48 Anonym: Meerzwiebelknödel in Heringssauce gefällig? Die Vorbereitungen für die nächsten Rattenkampftage. In: Illustriertes Wiener Extrablatt, Jg. 56, Nr. 54, 24.2.1927, S. 4; Anonym: Meerzwiebelknödel für die Ratten. Vorbereitungen für die nächsten Wiener Rattenkampftage. In: Neuigkeits-Welt-Blatt, Jg. 54, Nr. 47, 26.2.1927, S. 5.
49 Halifax: Kochball 1927. In: Gastronom. Monatsschrift für internationale und Wiener Küche. Publikationsorgan des Verbandes der Köche Österreichs, Jg. 18, Nr. 3, 1.3.1927, S. 1–3.
50 Anonym: Aber aber ...! In: Der Konditor. Zentralorgan Österreichs für die Zuckerbäckerei, Lebzelterei, Kanditenerzeugung, Schokolade-, Tragant- und Zuckerwarenfabrikation sowie deren verwandten Gewerbe, Jg. 29, Nr. 7, 1.3.1927, S. 8–9, hier S. 9.
51 H. H.: Ehrenrettung der Wiener Küche. Die Hausfrauen gegen den Architekten Loos. In: Kleine Volks-Zeitung, Jg. 73, Nr. 62 (lfde. Nr. 25814), 4.3.1927, S. 4.
52 Ebd.
53 G. M.: Die Sehnsucht nach dem Schlanksein. In: Die Stunde, Jg. 5, Nr. 1218, 31.3.1927, S. 7.
54 Arthur Rundt: Der Mythus »Wien«. In: Simplicissimus, Jg. 32, Nr. 31, 31.10.1927, S. 406.
55 Anonym: Wie bleibe ich schlank? In: Neues Wiener Journal, Jg. 35, Nr. 11.976, 26.3.1927, S. 9.
56 Schweiger: Die verschmähte Wiener Küche (wie. Anm. 24).
57 Salpeter: Illustrierte Chronik der Woche. In: Der Götz von Berlichingen, Jg. 6, Nr. 10, 11.3.1927, S. 7.
58 M. E.: Reklamezettel-Banknoten oder das Fräulein Verkehr mit dem Fetthals. In: Der Tag, 6.3.1927, S. 8.
59 Anonym: Wie bleibe ich schlank? (wie Anm. 58).
60 Anton Kuh: Wien wird romantisch. Wie man in Berlin alles erfahrt. In: Neues Wiener Journal, Jg. 35, Nr. 12.025, 15.5.1927, S. 4.
61 Kuh: Die Verhaftung Adolf Loos' (wie Anm. 1).
62 Siehe dazu: Andreas Weigel: Pyjama und Verbrechen. Warum Adolf Loos wegen Kindesmißbrauch angeklagt wurde und mit einer bedingten Haftstrafe davonkam. In: Die Presse, 16.8.2008, Spectrum, S. IV; Andreas Weigel: Affäre: Neue Details zum Pädophilieprozess um Adolf Loos. In: profil, Nr. 16, 13.4.2015, S. 100–105.
63 Mehlspeisg'friß: Chefkoch gegen Chefarchitekt (wie Anm. 9).
64 J. E.: Wiener Küche und Wiener Werkstätten. In: Berliner Tageblatt, Jg. 56, Nr. 295, 24.6.1927, Abend-Ausgabe [S. 2].
65 Anonym: Das »Marillenknödel-Derby« des Herrn Adolf Loos. In: Neues Wiener Journal, Jg. 35, Nr. 12.068, 28.6.1927, S. 9.

Ladislav P. Procházka: Die böhmische Küche ruiniert Ihre Gesundheit!

1 ax.: Česká kuchyně. In: Právo lidu, roč. 33, čís. 249, 22.10.1924, s. 2.
2 Anonym: Der Kampf um die böhmische Küche. In: Prager Tagblatt, Jg. 49, Nr. 253, 26.10.1924, S. 5 (Übersetzung von Paula Stehnovás Zuschrift); Karl [sic] Čapek: Pegasus in der Küche. In: Prager Tagblatt, Jg. 49, Nr. 263, 2.11.1924, S. 4–5.
3 Anonym: Die böhmische Küche ist zu reichhaltig. In: Prager Tagblatt, Jg. 49, Nr. 245, 17.10.1924, S. 3.
4 Dr. Ladislav P. Procházka: O české kuchyni. In: Přítomnost, roč. 1, čís. 40, 16.10.1924, s. 627–630.
5 Přítomnost, roč. 1, čís. 41, 23.10.1924, s. 654–655 (Rubrik: Dopisy / O české kuchyni).
6 Přítomnost, roč. 1, čís. 41, 23.10.1924, s. 655 (Rubrik: Dopisy / O české kuchyni). Ab der Passage »Heute, wo ich erkannt habe« bis »was eine Französin nicht in den Mund zu nehmen imstande ist« erscheint die Zuschrift von Pavla Stehnová in der (anonymen) Übersetzung, die am 20.10.1924 (Jg. 49, Nr. 253, S. 5) unter der Spitzmarke »Der Kampf um die böhmische Küche« einen übersetzten Teilabdruck bringt. Die im »Prager Tagblatt« aufgehobenen Absätze wurden wiederhergestellt.
7 Přítomnost, roč. 1, čís. 41, 23.10.1924, s. 655–656 (Rubrik: Dopisy / O české kuchyni).
8 Přítomnost, roč. 1, čís. 42, 30.10.1924, s. 671 (Rubrik: Dopisy / O české kuchyni).
9 Přítomnost, roč. 1, čís. 42, 30.10.1924, s. 671–672 (Rubrik: Dopisy / O české kuchyni).
10 Přítomnost, roč. 1, čís. 43, 6.11.1924, s. 686–687 (Rubrik: Dopisy / O české kuchyni). Karel Čapeks Zuschrift erschien in deutscher Übersetzung unter dem Titel »Pegasus in der Küche« im »Prager Tagblatt« (Jg. 49, Nr. 263, 9.11.1924, S. 4–5) mit folgender redaktioneller Vorbemerkung: »Wir haben bereits aus der ›Přítomnost‹ einige Stimmen zu diesem Thema zitiert. In der letzten Nummer der genannten Zeitschrift ergreift der bekannte tschechische Schriftsteller Karl Čapek das Wort. Wir zitieren seine Äußerung nicht als Werk der Dichtkunst, sondern als eine launige und zusammenfassende Betrachtung.« Hier die Übersetzung aus dem »Prager Tagblatt«. Die typographischen Auszeichnungen (Sperrungen) im tschechischen Text, die dort fehlen, wurden nachgetragen (Kursivierungen). Die Passage »Lesen Sie einmal bei Magdalena Dobromila Rettigová nach [...] ähnlich aufwändige Dinge gegessen hat.« fehlt in der »Prager-Tagblatt«-Übersetzung. Man fand sie vermutlich *zu* launig.
11 Přítomnost, roč. 1, čís. 43, 6.11.1924, s. 687–688 (Rubrik: Dopisy / O české kuchyni).
12 Přítomnost, roč. 1, čís. 44, 13.11.1924, s. 704 (Rubrik: Dopisy / O české kuchyni).
13 Přítomnost, roč. 1, čís. 45, 20.11.1924, s. 719–720 (Rubrik: Dopisy / O české kuchyni).
14 St. Gr. [Stefan Grossmann]: Wär' es möglich? ... Kleine Anfrage aus Paris. In: Prager Tagblatt, Jg. 49, Nr. 257, 1.11.1924, S. 23. Nachdruck (mit gekürztem und variiertem Schluss) in: Der Tag [Wien], Jg. 3, Nr. 696, 5.11.1924, S. 3.
15 aeo.: Die Pariser Gefahr. In: Deutsche Zeitung Bohemia, Jg. 97, Nr. 257, 1.11.1924, 1. Ausgabe, S. 5.
16 Walter Tschuppik: Geschichte des Schweinebratens. In: Morgenzeitung [Mährisch-Ostrau], Jg. 12, Nr. 312, 14.11.1924, S. 3. Nachdruck in: Der Tag [Wien], Jg. 3, Nr. 743, 24.12.1924, S. 4.

Bernhard Lambrecht: Wer das Material verdirbt, ist ein Pfuscher!

1 Siehe dazu im Einzelnen sowie zur Geschichte der Lambrecht-Schule bis in die 1950er-Jahre: Anonym: Zur 25. Wiederkehr der Eröffnung der Wolfenbütteler Schule. In:

Unsere Konditoreierzeugnisse. Gebundene Kunstdruckbeilage der Fachzeitschrift »Die Konditorei«, Bd. 3, 1953, S. 37–48, hier S. 38.

2 Bernhard Lambrecht: Vom neuen Stil in der Konditoreikunst. Wolfenbüttel 1929, S. 6–10.

3 »Die Konditorei« Nr. 87/31. Zitiert nach: Anonym: Zur 25. Wiederkehr (wie Anm. 1), hier S. 41.

4 Anonym [Julius Markaritzer]: Brief aus Deutschland. In: Der Konditor, Jg. 30, Nr. 3, 20.1.1928, S. 8.

5 Rolf Heinsius: Modernisierung des Konditorgewerbes. In: Der Konditor, Jg. 30, Nr. 4, 1.2.1928, S. 4–5.

6 Ronald Bliesenheim: Der neue Stil im Süßwarengewerbe. In: Der Konditor, Jg. 30, Nr. 13, 1.5.1928, S. 6.

7 Anonym: Vom neuen Stil in der Konditoreikunst. In: Der Konditor, Jg. 31, Nr. 35, 10.12.1929, S. 14–15.

8 Anonym [Julius Markaritzer]: Ein neuer Stil im Konditorengewerbe. In: Der Konditor, Jg. 31, Nr. 4, 1.2.1929, S. 6–7.

9 Anonym: Ein Besuch der Berliner Konditoren-Messe. In: Der Konditor, Jg. 31, Nr. 8, 10.3.1929, S. 9–11, hier S. 10.

10 Der Konditor, Jg. 31, Nr. 11, 10.4.1929, S. 14. – Weitere Inserate: Der Konditor, Jg. 31, Nr. 26, 10.9.1929, S. 16; Jg. 33, Nr. 14, 10.5.1931, S. 14; Jg. 33, Nr. 23, 10.8.1931, S. 13; Jg. 34, Nr. 20, 10.7.1932; Jg. 34, Nr. 23, 10.81932, S. 11; Jg. 34, Nr. 29, 10.10.1932, S. 13; Jg. 34, Nr. 32, 1.11.1932, S. 13.

11 Der Konditor, Jg. 33, Nr. 14, 10.5.1931, S. 14.

12 Anonym: Ein neuer Prospekt der Fachschule Lambrecht. In: Der Konditor, Jg. 33, Nr. 5, 10.2.1931, S. 14.

13 Hubert Schallmeiner: Meine Eindrücke in der Schule Lambrecht. In: Der Konditor, Jg. 33, Nr. 23, 10.8.1931, S. 9.

14 Anonym: Von der Berliner Konditorenmesse. In: Der Konditor, Jg. 33, Nr. 32, 10.11.1931, S. 5–6.

15 Der Konditor, Jg. 34, Nr. 8, 10.3.1932, S. 10.

16 Anonym: Vom Kurs über die moderne Konditorei. In: Der Konditor, Jg. 34, Nr. 13, 1.5.1932, S. 3–6; Jg. 34, Nr. 14, 10.5.1932, S. 3–5.

17 Anonym: Von der Ausstellung des Lambrecht-Kurses. In: Der Konditor, Jg. 34, Nr. 15, 20.5.1932, S. 4–5.

18 Bernhard Lambrecht: Was werden wir ausstellen? Brief an den Schreiber obigen Artikels in Nr. 16. In: Der Konditor, Jg. 34, Nr. 18, 20.6.1932, S. 4.

19 Rinck: Was werden wir ausstellen? In: Der Konditor, Jg. 34, Nr. 16, 1.6.1932, S. 3.

20 O. R.: Nach dem Lambrecht-Kurs. In: Der Konditor, Jg. 34, Nr. 15, 20.5.1932, S. 5–6.

21 Lambrecht: Was werden wir ausstellen? (wie Anm. 18).

22 Margit Hayek-Streicher: Die Torte im Wiener-Werkstätten-Stil. In: Der Wiener Tag, Jg. 11, Nr. 3219, 5.5.1932, S. 6.

23 [–ic.]: Bleibe schlank durch Naschen! Der neue Stil im Zuckerbäckergewerbe. In: Neues Wiener Tagblatt, Jg. 66, Nr. 120 (lfde. Nr. 23776), 30.4.1932, S. 7.

24 Anonym: Süße Revolution! Der neue sachliche Stil im Wiener Zuckerbäckergewerbe. In: Neuigkeits-Welt-Blatt, Jg. 39, Nr. 105, 5.5.1932, S. 4.

25 Anonym: Nasche neuzeitlich! Zuckerbäcker mit Stil und Stahl. – Torten nach der Mode. – Heute, Sonntag, und morgen, Montag, Ausstellung im Gewerbeförderungsinstitut. In: Kleine Volks-Zeitung, Jg. 78, Nr. 121 (lfde. Nr. 27669), 1.5.1932, S. 6.

26 Anonym: Eine interessante Ausstellung der Wiener Zuckerbäcker. In: Neue Freie Presse, Nr. 24393, 1.5.1932, Morgenblatt, S. 13.

27 Anonym: Zur Begrüßung! In: Der Konditor, Jg. 34, Nr. 28, 1.10.1932 (= Festausgabe / Festschrift zur »Internationalen Konditoren-Kongreß«, zur »I. Wiener Konditorei-Ausstellung«, zur »Hauptversammlung des Reichsverbandes der Zuckerbäcker- und Lebzelter-Genossenschaften Österreichs«, zur »Tagung der Lebzelter u. Wachszieher Österreichs«), S. 1.

28 Dieter Stiefel: Arbeitslosigkeit. Soziale, politische und wirtschaftliche Auswirkungen – am Beispiel Österreichs 1918–1938. Berlin 1979, S. 29.

29 Anonym: Die I. Wiener Konditorei-Ausstellung. In: Der Konditor, Jg. 34, Nr. 29, 10.10.1932, S. 3-10, hier S. 3.

30 Der Konditor, Jg. 34, Nr. 30, 20.10.1932 bis Jg. 34, Nr. 33, 20.11.1932.

31 Anonym: Die Zuckerbäcker im Wettbewerb mit den Bildhauern. Meisterliche Leistungen auf der ersten Wiener Konditoreiausstellung. In: Reichspost, Jg. 39, Nr. 274, 1.10.1932, S. 7.

32 Anonym: Der »Zuckerbacher« als Künstler. Bilder von der Konditoreiausstellung. – Burg Kreuzenstein als Fundgrube. – Wien, die Stadt der Feinschmecker. In: Das Kleine Blatt, Jg. 6, Nr. 272, 1.10.1932, S. 6.

33 Anonym: Die I. Wiener Konditorei-Ausstellung. Die Kunstschau. In: Der Konditor, Jg. 34, Nr. 30, 20.10.1932, S. 5.

34 Helene Tuschak: Bei Indianern und ihresgleichen. In der Konditorei-Ausstellung. In: Neues Wiener Tagblatt, Jg. 66, Nr. 273 (lfde. Nr. 23929), 2.10.1932, S. 7.

35 O. Rink: Moderne Konditorei-Kunst nach Ideen der Schule Lambrecht auf der 1. Wiener Konditorei-Ausstellung. In: Der Konditor, Jg. 34, Nr. 30, 20.10.1932, S. 5–6.

36 Anonym: Die Zuckerbäcker stellen aus. In: Der Abend, Jg. 18, Nr. 228, 1.10.1932, S. 2.

37 Anonym: Die große Wiener Konditoreiausstellung. Heute vormittags Eröffnung durch den Bundespräsidenten. In: Die Stunde, Jg. 10, Nr. 2868, 2.10.1932, S. 4.

38 Richard Wiener: Der Lenin der Tortenwelt. In: Der Wiener Tag, Jg. 11, Nr. 3388, 23.10.1932, S. 21–22.

39 Dr. W.: Märchen in Zucker: Die Wiener Zuckerbäcker stellen aus! Triumph eines weltberühmten Gewerbes / Modernes Schlaraffenland / Eßbare Denkmale und Gemälde. In: Badische Zeitung, Jg. 70, Nr. 282, 12.10.1932, S. 6.

40 [– ee –]: Neun Tage im Schlaraffenland. Die große Kanditenausstellung. – Avenue der Magenfreuden. In: Kleine Volks-Zeitung, Jg. 78, Nr. 272 (lfde. Nr. 27820), 1.10.1032, S. 7.

41 Helene Tuschak: Bei Indianern und ihresgleichen. In der Konditorei-Ausstellung. In: Neues Wiener Tagblatt, Jg. 66, Nr. 273 (lfde. Nr. 23929), 2.10.1932, S. 7.

42 O. Habekus: Der Lambrecht-Stil – eine Verkörperung neuzeitl. Handwerksgeistes. In: Der Konditor, Jg. 34, Nr. 28, 1.10.1932, S. 22–23.

43 Anonym: Zweck und Ziel. In: Neue Konditorei. Die illustrierte Monatsschrift für den fortschrittlichen Fachmann, Jg. 1, H. 1, Januar 1932, S. 3–4, hier S. 3.

44 Neue Konditorei. Die illustrierte Monatsschrift für den fortschrittlichen Fachmann, Jg. 1, H. 2, Februar 1932, S. 43–44 (Nachdruck der Seiten 86 und 87 von Lambrechts »Vom neuen Stil in der Konditoreikunst«).

45 Blatt der Hausfrau, Jg. 47, H. 6, Erstes Dezemberheft [1931], S. 169.

46 Bernhard Lambrecht: Das Gebot der Leckerheit, Bd. 1: Vom schönen, leckeren Gestalten des Konditor-Erzeugnisses. Mönchengladbach 1950. Die 2. Auflage unter dem Titel »Das Gebot der Leckerheit. Festliche Konditorei-Erzeugnisse« 1968, 2. Auflage der Neuausgabe 1984.

47 Bernhard Lambrecht: Karamelarbeit 1: Kleine geblasene Figuren. Mönchengladbach 1951.

48 Bernhard Lambrecht: Das Garnieren mit der Spritztüte. Mönchengladbach 1952 (dazu: Schablonen zum Fachbuch *Das Garnieren mit der Spritztüte* [Heftmappe mit 29 Blättern, 27,5 x 30,5 cm]. 3. Auflage 1954, 5. Auflage 1958, 7. Auflage 1966. – Ins Englische übersetzt bei Maclaren & Sons Ltd. erschienen: Decorating With The Piping Tube. Translated With Permission From The Original By The British Baker. London o. J.

49 Bernhard Lambrecht: Das Garnieren mit dem Spritzbeutel. Wolfenbüttel 1954 (dazu: Bernhard Lambrecht: Schablonen zum Fachbuch *Das Garnieren mit dem Spritzbeutel* [Heftmappe mit 40 Blättern, 27,5 x 30,5 cm]. 2. Auflage 1957.

50 Bernhard Lambrecht: Die Konditorei-Praline. Hannover 1961. 2. Auflage 1964.

51 Bernhard Lambrecht: Lehrbuch für Marzipan, Bd. 1: Figuren und Früchte, modelliert und geformt. Wolfenbüttel 1963; Bernhard Lambrecht: Lehrbuch für Marzipan, Bd. 2: Figuren, ausgestochen und modelliert. Braunschweig 1966. – In den Folgeauflagen in einen Band zusammengeführt: Bernhard Lambrecht: Lehrbuch für Marzipan. Figuren und Früchte, ausgestochen und modelliert. 2. Auflage Mönchengladbach 1982.

52 Bernhard Lambrecht: Das Gebäck im Konditorei-Schaufenster. Rezepte und Aufrisse, Bd. 1. Braunschweig 1964.

53 Bernhard Lambrecht: Das Meisterstück im Konditorei-Handwerk, Bd. 1: Das Werbestück aus Karamel. Wolfenbüttel 1964 (dazu: Bernhard Lambrecht: Aufrisse zum Werbestückbuch / Aufrißmappe zum Fachbuch »Das Meisterstück im Konditorenhandwerk, Bd. 1: Das Werbestück aus Karamel« [12 Faltblätter mit Inhaltsverzeichnis]).

54 Bernhard Lambrecht: Die Laden-Anschnitt-Torte. Wolfenbüttel 1965. 2. Auflage 1980.

55 Bernhard Lambrecht: Qualitäts-Backwerk. Wolfenbüttel 1972. 2. Auflage 1981.

56 Bernhard Lambrecht: Vorausgeschickt. In: Die Laden-Anschnitt-Torte. Wolfenbüttel 1965, S. 2.

57 Bernhard Lambrecht: Über die Eigenart der neuen Garnierweise mit Spritzbeutel und Spritztülle. In: Das Garnieren mit dem Spritzbeutel. Wolfenbüttel 1954, S. 10–11, hier S. 10.

58 Bernhard Lambrecht: Grundsätzliches. In: Bernhard Lambrecht: Lehrbuch für Marzipan, Bd. 1: Figuren und Früchte, modelliert und geformt. Wolfenbüttel 1963, S. 6–7.

59 Bernhard Lambrecht: Vorwort: In: Das Garnieren mit dem Spritzbeutel. Wolfenbüttel 1954, S. 9.

60 Zu diesem Buche. In: Bernhard Lambrecht: Qualitäts-Backwerk. 2. Auflage Mönchengladbach 1981, S. 4.

61 Willy Lenzen [Präsident des Deutschen Konditorenbunds]. Vorwort zur 2. Auflage. In: Bernhard Lambrecht: Die Laden-Anschnitt-Torte. 2. Auflage Mönchengladbach 1980, S. 2.

62 Gregor Frey: Vorwort zur 2. Auflage. In: Bernhard Lambrecht: Lehrbuch für Marzipan. Figuren und Früchte, ausgestochen und modelliert. 2. Auflage Mönchengladbach 1982, S. 2.

63 Johann Wolfgang von Goethe an Marianne von Willemer, Weimar, 13.1.1832. Zitiert nach: Marianne und Johann Jakob Willemer: Briefwechsel mit Goethe. Dokumente, Lebens-Chronik, Erläuterungen. Hg. v. Hans-Joachim Weitz. Frankfurt am Main 1965, S. 265–267, hier S. 266–267.

Nachwort: Beim Essen hört sich der Spaß auf!

1 Jakob Thaller: Gemischte Heimatgefühle beim Steirischen Herbst. Seine Ausstellung in der Neuen Galerie Graz widmet das Festival der Dekonstruktion nationaler Mythen. In: Der Standard, 28./29.9.2024, S. 34.

2 Eberhard Seidel: Türkische Döner-Initiative. Der Döner bleibt deutsch. In: taz, 1.7.2024, https://taz.de/Tuerkische-Doener-Initiative/!6017955/ – Vgl. Eberhard Seidel: Döner. Eine türkisch-deutsche Kulturgeschichte. Berlin 2022.

3 Alberto Grandi: Denominazione di origine inventata. Le bugie del marketing sui prodotti tipici italiani. Milano 2018. Auf Deutsch unter dem Titel »Mythos Nationalgericht. Die erfundenen Traditionen der italienischen Küche« 2024 erschienen. Seitenangaben verweisen auf die deutsche Ausgabe, hier S. 97.

4 Ebd., S. 61–67, Zitat S. 64.

5 Lina Loos: Ein Sieveringer wird Doktor. In: Dies.: Das Buch ohne Titel. Erlebte Geschichten. Hg. v. Adolf Opel. Wien 1996, S. 172–173 (EA Wien 1947).

6 Küche der Erinnerung. Essen & Exil. Herausgegeben von Veronika Zwerger und Ursula Seeber. Wien, Hamburg 2018.

7 Anne-Rose Meyer: Heimathunger. Essen in österreichischer Exilliteratur. In: Küche der Erinnerung. Essen & Exil. Herausgegeben von Veronika Zwerger und Ursula Seeber. Wien, Hamburg 2018, S. 273–288.

8 Charles E. Ritterband: Dem Österreichischen auf der Spur. Expeditionen eines NZZ-Korrespondenten. Mit Karikaturen von Michael Pammesberger. Wien, Köln, Weimar 2010, S.19–20.

9 »Zumindest in gewisser Hinsicht erlebten die Malcolms Wittgenstein als einen anspruchslosen Gast. Er aß zu allen Mahlzeiten nur Brot und Käse, wobei er erklärte, ›es mache ihm nicht viel aus, was er esse, solange es immer das gleiche sei‹« (Norman Malcolm: Erinnerungen an Wittgenstein. Frankfurt am Main 1987, S. 123).

10 »L'inventaire du patrimoine culinaire de la France. Produits du terroir et recettes traditionelles«. Von 1993 bis 2012 erschienen 24 Bände. – An ähnlichen Inventuren sind zuletzt erschienen: u. a. Dominik Flammer, Sylvan Müller: Das kulinarische Erbe der Alpen. Enzyklopädie der alpinen Delikatessen. Aarau 2014, oder: Paul Imhof: Das kulinarische Erbe der Schweiz. Ein Panoptikum des Ess- und Trinkbaren. Basel 2024.

11 Alain Senderens, Alain Weill: L'inventaire. In: L'inventaire du patrimoine culinaire de la France, Vol. Ile-de-France. Produits du terroir et recettes traditionelles. Paris 1993, p. S. 9–10.

12 Roland Barthes' ideologiekritischer Essay »Le bifteck et les frites« findet sich wieder im Band »Mythologies« (Paris 1957). Nachzulesen ist »Beefsteak und Pommes frites« in: Roland Barthes: Mythen des Alltags. Vollständige Ausgabe. Aus dem Französischen von Horst Brühmann. Berlin 2010, S. 100–102.

13 Ewald Plachutta, Christoph Wagner: Rezepte unter Denkmalschutz. In: Ewald Plachutta, Christoph Wagner (Hg.): Das kulinarische Erbe Œsterreichs. Die 100 klassischen Gerichte / The Culinary Heritage of Austria. 100 Classic Dishes. Wien 2002, S. 16–17, hier S. 16.

14 Franz Maier-Bruck: Vom Essen auf dem Lande. Das große Buch der österreichischen Bauernküche und Hausmannskost. Wien 1981.

15 Anonym: Die Makkaronirevolte gegen den Futuristen Marinetti. In: Neue Freie Presse, Nr. 24160, 17.12.1931, Morgenblatt, S. 7.

Editorische Notiz

Sämtliche Texte wurden druckfehler- und fehlerbereinigt konstituiert. »Fehlerbereinigt« heißt: Die Texte wurden auf Grundlage des jeweils aktuellen Regelwerks »minimal invasiv« korrekturgelesen wiedergegeben. Aus der zeitlichen wie räumlichen Streuung ergeben sich synchron wie diachron geringfügige orthographische Inkonsistenzen.

Der zeitliche Abstand zu den annähernd einhundert Jahre alten Texten wurde weder durch sogenannte »behutsame Modernisierung« von Orthographie, Interpunktion und Lautstand verwischt, noch wurden durch Normalisierung und Standardisierung die sprachlichen Eigentümlichkeiten der Autorinnen und Autoren beseitigt, noch wurde das Schriftbild dem modernen Gebrauch angeglichen, noch auch wurden die Texte phonetisch verschoben.

Stillschweigend emendiert wurde der Textstand der Druckvorlage nur bei offenkundigen Satzfehlern. Stillschweigend getilgt wurden Initialen sowie, weil inzwischen Usus, die in den Zeitungen der Zeit üblichen Punkte nach Titeln, Unter- und Zwischentiteln.

Redaktionell vereinheitlicht wurden die den Texten bisweilen vorangestellten Motti, die beigefügte Quellenangabe sowie die Titelstruktur.

Titelergänzungen (Incipit-Titel) des Herausgebers stehen in eckigen Klammern. Bei Texten ohne Titel, die in der Druckvorlage durch Fettdruck des Textanfangs (»Spitzmarke«) markiert sind, wurde der Titel aus dem Fettgedruckten extrahiert.

Die drucktechnisch bedingte Wiedergabe der initialen Umlaute »Ae«, »Oe«, »Ue« wurde zu »Ä«, »Ö«, »Ü« normalisiert.

Typographische Auszeichnungen im Fließtext wie Antiqua in Fraktur, Spationierung, halbfette Type wurden einheitlich durch Kursive reproduziert.

Die konsequente »ss«-Schreibung einzelner Periodika wurde nicht normalisiert.

Sämtliche Herausgebereingriffe, die über die stillschweigende Berichtigung von Druck- resp. Orthographiefehlern, wie sie oben angeführt wurden, hinausgehen, stehen im Text in eckigen Klammern.

Abbildungsnachweise

S. 6: Il Secolo Illustrato, n. 14, 4.4.1931. Aus: Antonella Mauri: Gastronomia futurista per tutti. Umberto Notari e »La Cucina Italiana«. In: Rossella Lorenzi, Barbara Meazzi, Serge Lorenzo Milan: Futurismo a Nizza. La mostra ritrovata (1934). Chambéry 2023, p. 199–229. HAL Id: hal-04014782, https://hal.science/hal-04014782v1 [p. 4]

S. 96 oben: J. M. Erich Weber-Dresden: Praktische Konditorei-Kunst. Pra-Ko-Ku. Das große Konditorei-Fachbuch der Welt. Neue Folge. Mit einem Satz von 21 Pausen und 5 Zelluloid-Schablonen sowie 1 Bogen mit den Original-Schablonen aller Aufsätze. Ausgabe B in deutscher, dänischer, holländischer und tschechischer Sprache. Radebeul-Dresden 1929, Tafel 74 (»Feine Aufschnitt-Torten« / »Berliner Frucht-Torte«).

S. 96 unten: Weber: Praktische Konditorei-Kunst, Tafel 72 (»Feine Aufschnitt-Torten« / »Pariser Kaffeecreme-Torte«).

S. 97 oben: Bernhard Lambrecht: Vom neuen Stil in der Konditoreikunst. Wolfenbüttel 1929, S. 31 (»Haselnußkrem-Torte«).

S. 97 unten: Bernhard Lambrecht: Das Garnieren mit dem Spritzbeutel. Wolfenbüttel 1954, S. 64 (»Vanille-Sahnekrem-Torte zum Damenkränzchen«).

S. 98 oben: A. [Adolf] Heckmann: Süße Kunst. Ausgabe B. Enthält: A. Heckmann: Süße Kunst. Neuzeitliches Schaffen in der Konditorei. 104 Tafeln, davon 80 in Dreifarbendruck und 24 in Doppelton, rund 480 Vorlagen, enthaltend ca. 400 verschiedene Rezepte. Nordhausen 1930, Tafel 66 (»Ausschnitt-Torte für Ostern«).

S. 98 unten: Heckmann: Süße Kunst, Tafel 19 (»Palisandertorte«).

S. 99 oben: Bernhard Lambrecht: Das Gebot der Leckerheit, Band 1: Vom schönen, leckeren Gestalten des Konditor-Erzeugnisses. M.-Gladbach 1950, S. 41 (»Mandel-Butterkrem-Torte zum Erntedankfest«).

S. 99 unten: Lambrecht: Das Gebot der Leckerheit, S. 39 (»Nugat-Butterkrem-Torte zum Muttertag«).

S. 100 oben: Heckmann: Süße Kunst, Tafel 63 (»Faschingstorte«).

S. 100 unten: Lambrecht: Vom neuen Stil in der Konditoreikunst, S. 25 (»Torte mit neuzeitlicher Kakaomalerei«).

S. 101 oben: Weber: Praktische Konditorei-Kunst, Tafel 9 (»Mandelberg«).

S. 101 unten: Lambrecht: Das Gebot der Leckerheit, S. 14 (»Mandelberg« / »Ohne Zierat / Durch gute Proportion schön«).

S. 102 oben: Weber: Praktische Konditorei-Kunst, Tafel 35 (»Feine Eisspeisen, Nr. 2: Jubiläumspeise«).

S. 102 unten: Lambrecht: Vom neuen Stil in der Konditoreikunst, S. 55 (»Maraschino-Biskuiteis«).

S. 108: Fundus Schübler, Wien.

S. 125 (von oben nach unten): Lambrecht: Vom neuen Stil in der Konditoreikunst, S. 65 (»Marzipan-Glücksschweinchen«); Bernhard Lambrecht: Lehrbuch für Marzipan, Band 1: Figuren und Früchte, modelliert und geformt. Wolfenbüttel 1963, S. 15 (»Schweinchen C«); Bernhard Lambrecht: Lehrbuch für Marzipan, Band 2: Figuren, ausgestochen und modelliert. Braunschweig 1966, S. 8 (»Schweinchen I«).

S. 126 (von oben nach unten): Lambrecht: Vom neuen Stil in der Konditoreikunst, S. 45 (»Dessertküken aus Butterkrem«); Lambrecht: Lehrbuch für Marzipan, Band 2, S. 34 (»Küken I«); Lambrecht: Lehrbuch für Marzipan, Band 2, S. 38 (»Küken I«); Lambrecht: Lehrbuch für Marzipan, Band 2, S. 78 (»Küken D«); Lambrecht: Lehrbuch für Marzipan, Band 2, S. 80 (»Glucke mit Küken«).

S. 127 (von oben nach unten): Lambrecht: Vom neuen Stil in der Konditoreikunst, S. 63 (»Schale mit Edelmarzipanfrüchten«); Lambrecht: Lehrbuch für Marzipan, Band 1, S. 77 (»Apfel C«); Lambrecht: Lehrbuch für Marzipan, Band 1, S. 80 (»Birne E«); Lambrecht: Lehrbuch für Marzipan, Band 2, S. 24 (»Apfel« [mit Karoraster]); Lambrecht: Lehrbuch für Marzipan, Band 2, S. 24 (»Birne« [mit Riefraster]).

S. 128 links: Lambrecht: Lehrbuch für Marzipan, Band 2, S. 12 (»Nikolaus« [Raster 3]).

S. 128 rechts: Lambrecht: Lehrbuch für Marzipan, Band 2, S. 12 (»Nikolaus« [Kneifraster])

S. 129: Lambrecht: Lehrbuch für Marzipan, Band 2, S. 28 (»Schornsteinfeger«).

S. 33, S. 53, S. 95, S. 131: Jorghi Poll.

Personen- und Werkregister

Das Personen- und Werkregister erfasst die erwähnten historischen Personen sowie deren erwähnte Werke. Nicht erfasst werden mit (nicht aufgelösten) Kürzeln sowie Pseudonymen gezeichnete unselbstständige Publikationen sowie solche ohne Titel. Nicht erfasst werden auch die bibliographischen Angaben in den Endnoten. Variante Namensschreibungen finden sich nach Schrägstrichen. Gerade gesetzte Angaben verweisen auf eine Erwähnung im Text, kursive auf eine Erwähnung in den Fußnoten, Angaben in runden Klammern auf eine indirekte Erwähnung.

Walter Schübler

Geboren 1963 in Oberösterreich, Publizist mit Schwerpunkt Biografik, lebt in Wien. 2014 erhielt er den Preis der Stadt Wien für Publizistik. Veröffentlichungen u. a.: »Komteß Mizzi. Eine Chronik aus dem Wien um 1900« (2020), »Anton Kuh. Biographie« (2018), »Anton Kuh: Werke« (Hg., 2016), alle bei Wallstein. In der Edition Atelier erschienen zuletzt seine biografische Spurensuche »Bibiana Amon« (2022) und »Vom Essen zwischen den Kriegen« (2024).

Walter Schüber
Bibiana Amon. Eine Spurensuche
184 S., 24 €

»Eine meisterdetektivische Rekonstruktion ihrer Biografie, ein Lehrstück in Findigkeit, Geduld und Skrupulosität.«
Erhard Schütz, der Freitag

»Eine neue biografische Skizze entreißt die ›femme explosive‹ und begabte Autorin Bibiana Amon der Vergessenheit.«
Thomas Mießgang, Die Zeit

Walter Schüber
Vom Essen zwischen den Kriegen
360 S., 35 €

»Wer Sinn hat für das kulinarische Hintergrundrauschen der Weltgeschichte, wird reich beschenkt, denn es ist ein Lesebuch im besten Sinne, abschweifend, informativ, anregend. Der Alltag der Zwanziger- und Dreißigerjahre wird sozial- und kulturgeschichtlich in einer Genauigkeit kartographiert, wie es selbst in den guten wissenschaftlichen Monographien kaum gelingt.«
Daniel Damler,
Frankfurter Allgemeine Zeitung

Erste Auflage

Buchgestaltung: Jorghi Poll
www.editionatelier.at
ISBN 978-3-99065-136-0

Literaturverlag Poll GmbH / Edition Atelier
Nußdorfer Straße 62/2, A-1090 Wien
office@editionatelier.at, www.editionatelier.at

Gefördert von der Stadt Wien Kultur

WIEN KULTUR